ジンジョヨコの謎

―肩車方言考―

吉田 満

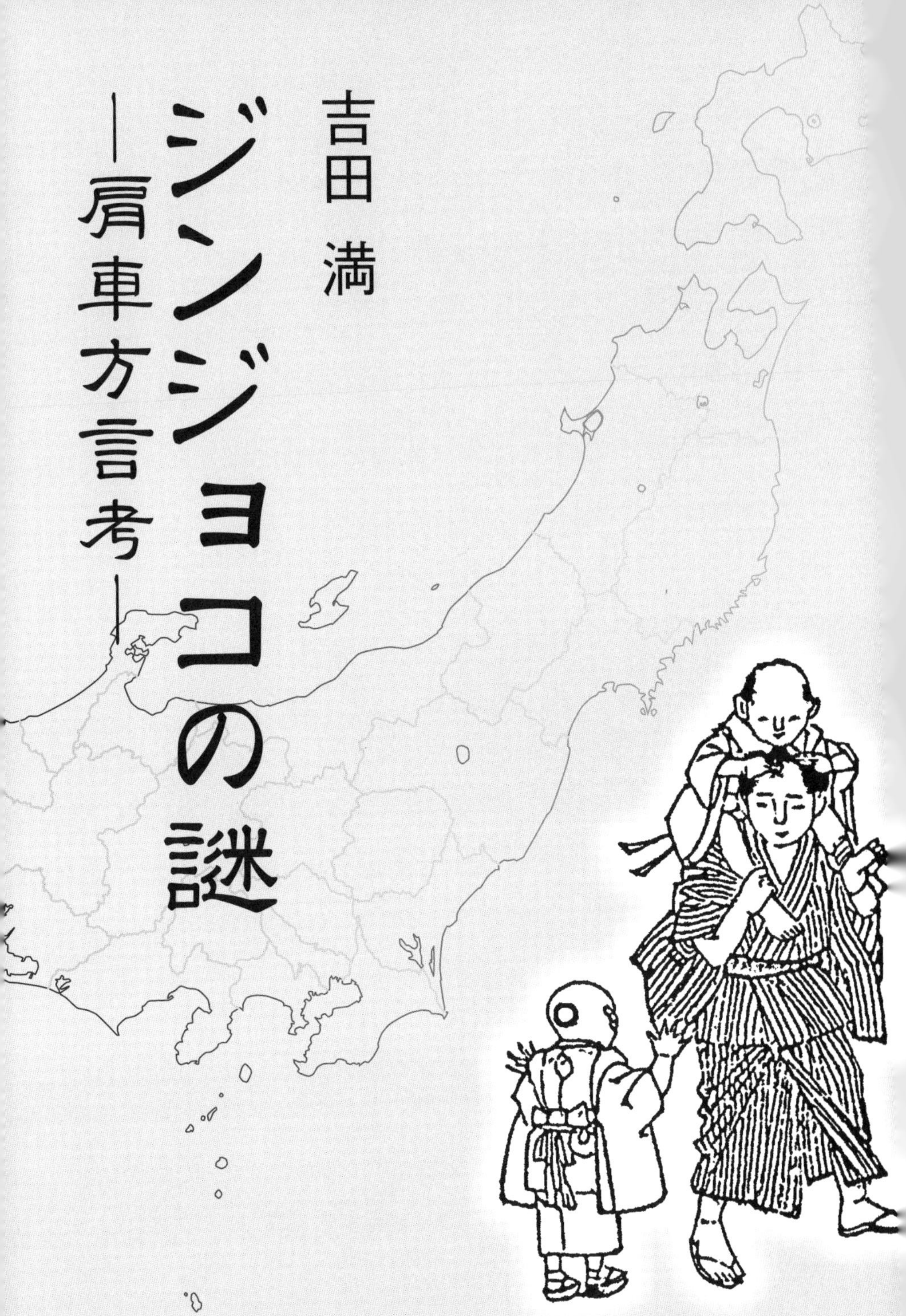

はじめに

〈ジンジョコ〉とは、主に本州北縁の青森県東部と岩手県北部沿岸で話されている〝肩車〟を意味する方言です。数ある〈ジンジョ〉系方言の代表格といってよい言葉です。語の構成は〈ジンジョ〉に、親愛の情を表す接尾辞〈コ〉が結合したもので、〈馬ッコ〉〈ワラシッコ〉など東北弁にはよく見られる表現方法です。

〈ジンジョコ〉は肩車以外に〝地蔵〟〝人形〟を表わす場合があります。むしろこちらの方の使い方が広いと思われますが、本書では肩車の意味を中心に論じたいと思います。

筆者は昭和五十年（一九七五）、岩手の県立高校の教員として久慈高等学校に赴任し、その後、たまたま生徒とともに地元の方言調査を行う機会を得ました。そして肩車について〈ジンジョウカッカ〉、〈タガジンジョウ〉など〈ジンジョコ〉と同類の方言を採集することができました。これらの方言に出会ったとき、「あっ！故郷と同じだ。同じ南部（旧南部藩）だからかな？」と思ったことを鮮明に憶えています。ちなみに筆者の故郷は、久慈市からそう遠くない青森県八戸市の北部、市川というところです。

それから一五年後（なんと悠長なことか！）、県立高校の社会科・地理の教科研究会で久慈で行った方言調査の結果を発表する機会がありました。もちろん、調査したすべての方言について言及することはできません。最も分布に特徴があり、語源に迫ることができそうな方言二つを選びました。その一つに〈ジンジョコ〉があったのです。

当時、筆者は〈ジンジョコ〉の語源を〝地蔵〟と考えました。又、〈ジンジョコ〉とほぼ同じ意味で、青森県西部（津軽地方）に分布する〈ニンニョコ〉については〝人形〟を語源としてみました。一応、二つの方言の背景にあると思われる民俗や宗教について言及したのですが、筆者の理解は浅く、とても十分といえるものではありませんでした。どちらかといえばそれぞれの方言と、語源と思われる言葉の発音が似ているということに、惹かれただけのことだったかもしれません。すなわち〈ジンジョコ＝地蔵〉、〈ニンニョコ＝人形〉という風に。

さらに一五年、その間ほとんど日常の仕事に忙殺され、〈ジンジョコ〉など、どこへやら……。そして平成二十年（二〇〇八）の春、定年退職を迎えました。

その年の秋に、元県立高校教職員のグループで一泊の小さなバス旅行の計画があり、筆者も参加しました。三八年にわたる忙しい日常から解放され、かつての同僚や仲間とともに小さな旅行を存分に楽しみました。旅行先は岩手県北の二戸市浄法寺町で、当地の天台寺で行われる瀬戸内寂静さんの青空講話の拝聴も目的の一つでした。

天台寺は山の上にあり、麓から階段状の参道を登っていきました。ふと、参道脇に目を転じると、そこには秋の陽に静かにたたずむ、多くの石地蔵を認めることができました。その時、脳裏にパッとひらめくものがありました。「そうだ、自分は頭の片隅で、ずーっと〈地蔵―ジンジョコ〉について考えてきたのだ」と。

その夜、宿泊先のホテルの懇親会場で、かつての職場の先輩に、お酒が入っていたこともあり少々興奮ぎみにこのことを話していました。なぜ、肩車を〈ジンジョコ〉と呼ぶのか。〈ジンジョコ〉とは、そもそも何なのか。なぜ、それが北東北に分布するのか。疑問は次々と湧いてきます。先輩からの「それは面白い！　やってみたら」の一言に背中を押され、「ジンジョコの謎」を探ることを決意したのです。

目次

【凡例】

・方言はカタカナ表記とし〈　〉で囲み、標準語を〃　〃で囲んだ。
・青森・岩手両県の行政区画図は平成の大合併（平成十六年）以前の区画で示した。
・史料・テキストの引用に際しては、原則として常用字体を用いた。ただし仮名遣いは原文のままとした。
・本書では、南部藩と盛岡藩を区別した。南部藩は旧南部藩、旧南部領、南部地方、南部とも表記した。
・南部藩は現在の青森県東部、岩手県北・中部、秋田県北東部より成るが、後に八戸藩（二万石。現在の八戸市周辺と岩手県北・中部の一部より成る）が分立。盛岡藩（十万石）は南部藩領から八戸藩領を除いた範囲で、南部藩領の大部分を占める。

【主要参考文献】

国立国語研究所編『日本言語地図』全六巻（大蔵省印刷局、一九六六〜一九七四）

第一部　〈ジンジョコ〉を巡って

I　九戸方言地図

1　きっかけは久慈の方言調査

〈ジンジョコ〉という方言の説明の前に、それを考えるきっかけとなった岩手県久慈市での方言調査について触れておきます。

昭和五十年（一九七五）、筆者は岩手県の教員となり県北沿岸の県立久慈高等学校に赴任し、クラス担任が決まった後、部活動は郷土史研究部の顧問をすることになりました。部員五〜六名の小さな部で、その当時は目立った活動がなく、生徒たちの表情も何か一つ浮かない感じでした。筆者も特に郷土史に詳しいわけではなかったので、少々、戸惑いもありましたが、部員たちの郷土に対する自由で清新な視点や発想に耳を傾け、一緒に活動できたら良いなという思いだけでした。

その年の夏休み明け、九月だったと思うのですが、部員の一人が地元の村で採集した方言のいくつかを紙に記したものを持ってきました。目を通してみたら、これがなかなか面白い！　早速、部員を集め、このことを紹介しました。部員たちはオズオズとしながらも、興味深げな眼差しでした。そして話し合いの結果、方言の研究を、当面の部活動の中心に据えることに決めたのです。

そこで筆者は、方言を「地図化（分布図をつくる）」することを提案しました。

それは、自分が地理の教員で地図に興味を持っていたということだけでなく、当時、国立国語研究所から『日本言語地図』という方言地図集が刊行されてまもない頃で、それを題材にした解説や番組が新聞やテレビなどでよく報じられ、人々の耳目を引いていました。このことが部活動の選択を後押ししたことは否めません。

その後、半年ほどかけて部内で方言調査の方法・内容等を検討・吟味し準備を進め、昭和五十一年（一九七六）、新入生二七〇名を対象に方言の語彙のアンケート調査を行いました。語数は三〇語ほどで、久慈及びその周辺地域という、比較的狭い範囲でも地域的な違いが出そうな語を中心に選びました。範囲は、ほぼ久慈高校の通学範囲で、北から南へ、種市町（現洋野町《ひろのちょう》種市）、大野村（現洋野町大野）、久慈市、山形村（現久慈市山形町）、野田村、普代村《ふだいむら》がその範囲となります（図1）。

翌昭和五十二年（一九七七）には、前年のアンケートの結果を踏まえ、実際に部員が現地に赴き、聴き取り調査を行うことにしました。対象地域は、久慈市から南の野田村に至る三陸沿岸の諸集落です。北から、玉の脇、二子《ふたご》、大尻《おおじり》、小袖《こそで》、三崎《みさき》、久喜《くき》（以上、久慈市）、新山《にいやま》（野田村）の七つの集落で、ほぼ三崎半島の沿岸部に位置します（図4）。

その年の夏休みに生徒たちと三日ほどかけて、これらの集落を自転車で回り、語彙三三項目、アクセント五一項目について調査を行いました。聴き取りの対象者は、その土地で生まれ育った生え抜きの人で、なるべく幅広い年代層、少年から老年までに亘るように努めました。
二年間の調査の結果は、昭和五十一年、五十二年に学校の文化祭で発表し、見学いただいた方々に好評を得ました。そして、五十三年には『九戸方言地図』[1]として小さな冊子にまとめることができました。

2　「くすぐる」を例に

その『九戸方言地図』の中から、方言解説の一例「くすぐる」を取り上げて、紹介します。以下の文章は図の番号を除いては、ほぼ当時の冊子の内容のとおりです。

まず、図3の地図、図1の行政区分図を参考にしながら、あなたの集落をさがしてください。そこそこ、どうです、やはり「○○がす」というでしょう。もう少し、周りを見てください。「○○がす」はあなたの集落だけじゃない隣の集落もそうですね。「あたりまえじゃないか!」と言われるかもしれませんが、方言地理学という学問では、もっとも基本的な「分布の法則」というやつがここに現れているのです。すなわち「言語は単独で存在せず、必ず分布の範囲を持つ」という大事な法則です。

さて、もう少し、地図の内容に入ってみましょう。「こちょがす」の分布を見てください。ほ

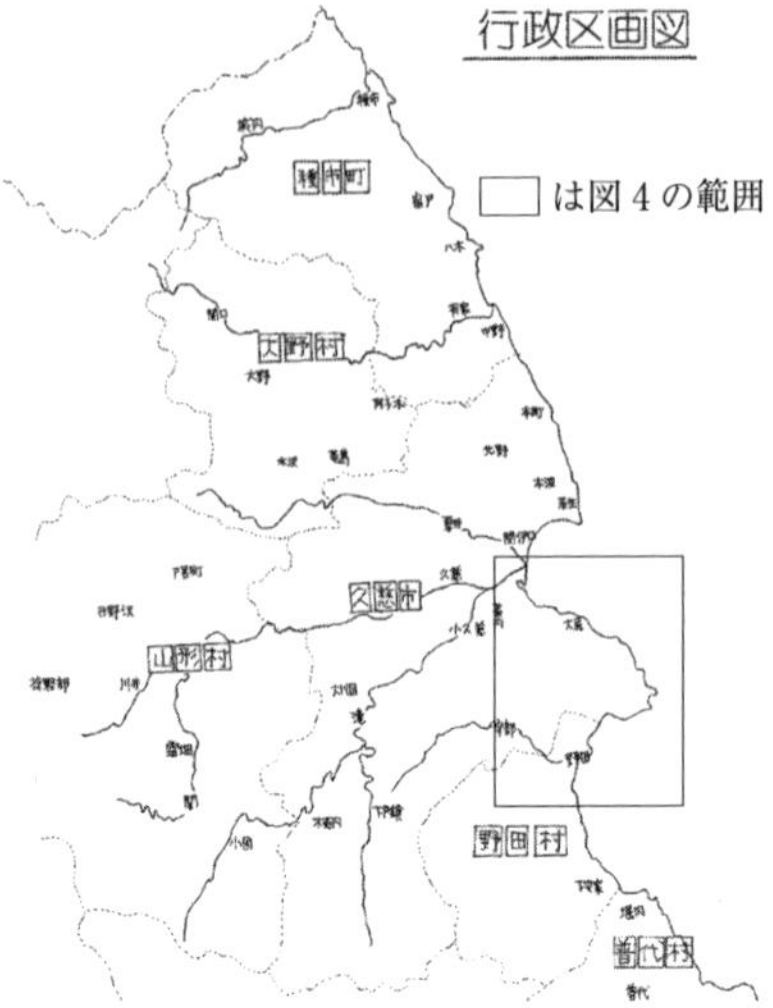

図1　行政区画図

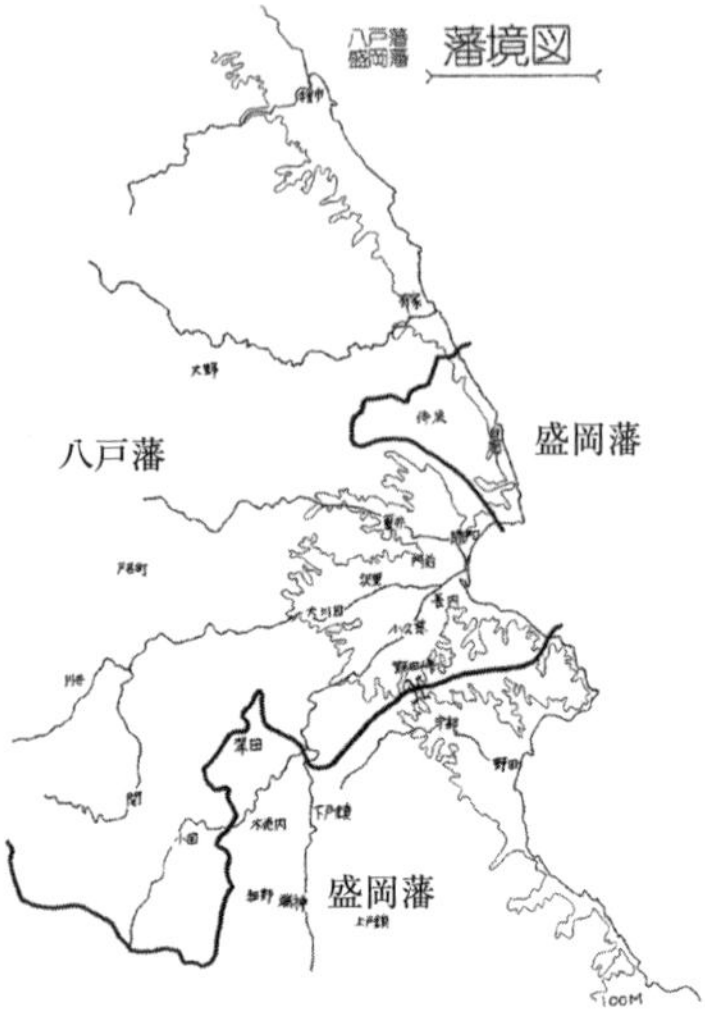

図2　八戸藩盛岡藩藩境図

太線が藩境を示す。

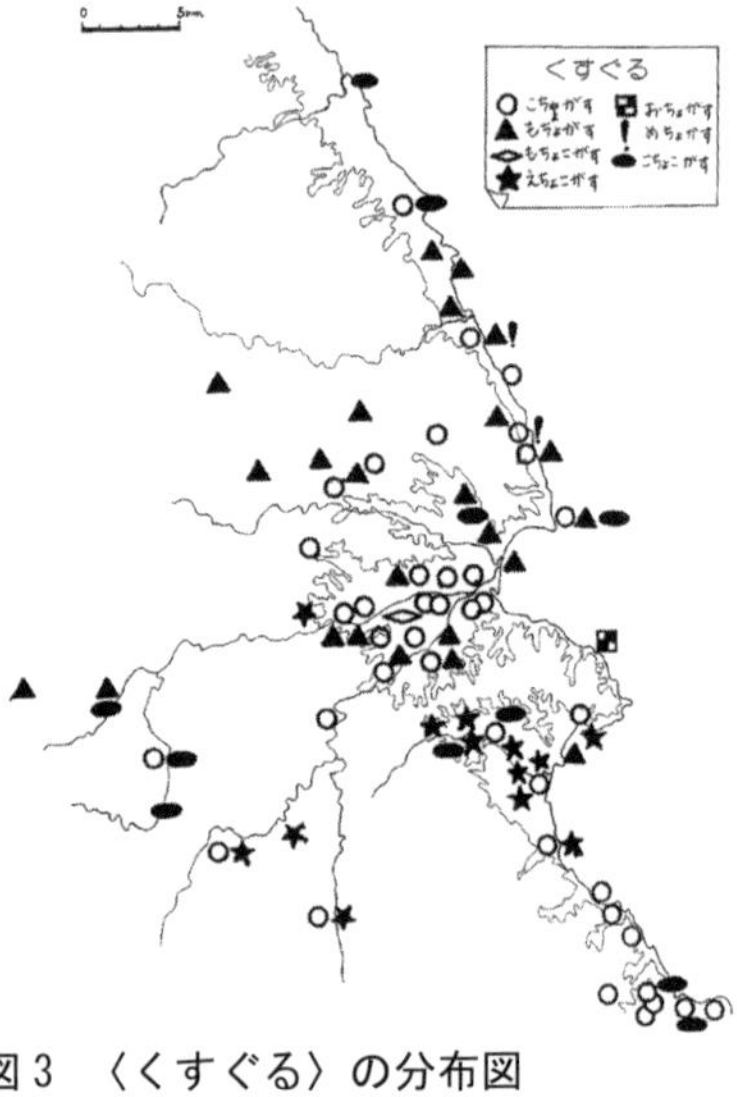

図3　〈くすぐる〉の分布図

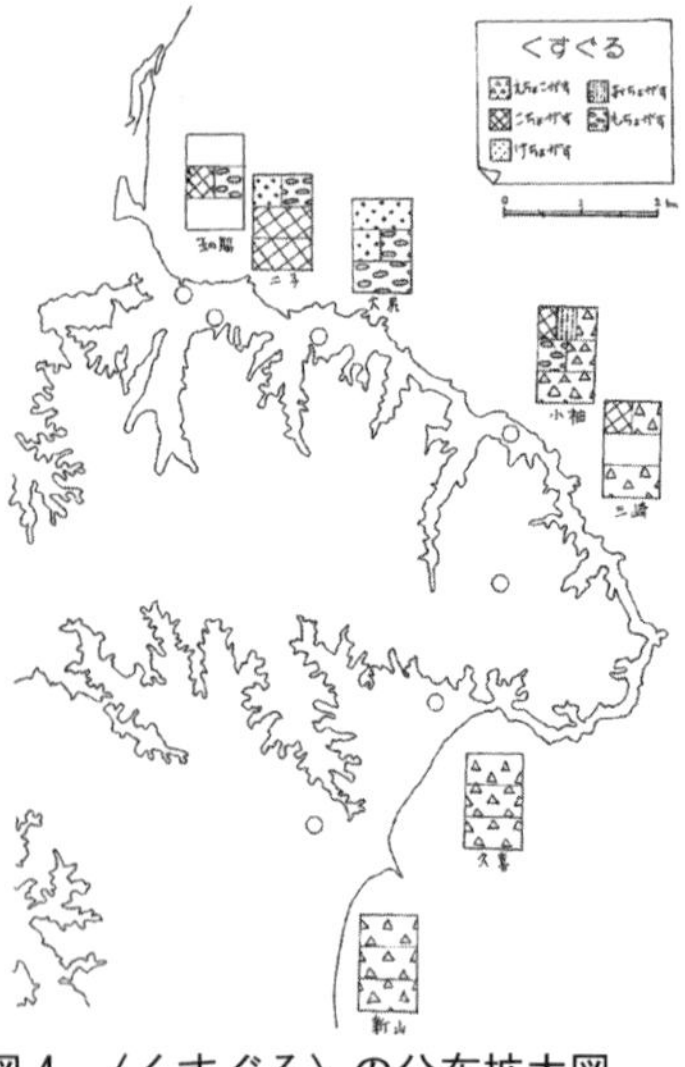

図4　〈くすぐる〉の分布拡大図

図1の囲み部分を拡大したもの。

（『九戸方言地図』）

とんど全域に分布しているようですが、よ～く見てください。種市、大野、山形への分布が弱いですね。すなわち、北部および内陸の分布が弱いということです。そうすると「こちょがす」は、その反対方向である南部の沿岸部から浸透してきたと考えられないでしょうか。当然、「こちょがす」の変化形である「こちょこがす」を伴いながら。

「もちょがす」を見てください。これは北部に大きな勢力を持っていますが、野田峠を越えるのに相当、難儀しているようです。方言を運ぶのは人、それほど人が越せないほどの峠でしょうか？　図2を見ますと、標高わずか百メートル、現在ではサイクリングに最適な、自動車で越える場合はほとんど意識されない程の低い峠です。なぜ、この峠が峠足りえたのでしょうか？　それは今から三百年前、この峠を境に、北は八戸藩に、南は盛岡藩にそれぞれ所属し、その後、明治維新までほぼ二百年間、互いの交流が制限されたためと考えられます。詳しくは図2を見てください。当然、「もちょがす」の変化形、「もちょこがす」も見られます。もう一つ「めちょがす」というのが侍浜の海岸にありますね。これも「もちょがす」の変化形と考えられます。なぜなら「も」と「め」は同じマ行音であり、「も」は「お」という母音を、「め」は「え」という母音を伴い、東北人の発音の癖から「お」が「え」に変わることは大いにありうることです。実際、地図では「めちょがす」は「もちょがす」の分布範囲の中にあり、その中で変化したものであることがわかります。

「えちょがす」は野田と木売内《きうりない》、端神《はしかみ》方面に見られます。両者は同じ盛岡藩であり、街道で繋がっています。

「おちょがす」は図4を見た場合もそうですが、まったく小袖独自で、しかも少年層が新たにつくり出した方言のように思われます。方言は、現在でも地域の人々によって新たに創造されているという事実がよく示されていると思います。

図4は、単に方言の分布を表わすだけでなく、各集落の年代層による方言の違いを表わしています。上から順に少年層―中年層―老年層となります。わずか六キロメートル四方に散在する集落ですが、各集落によってこのように方言の違いがあるのです。さらに、同じ集落でも年代によって言葉が異なってきます。しかし、おじいちゃんと孫の言葉が異なったら困るのではないでしょうか。お互いに会話ができないのではないか？　もちろん、日常ひんぱんに使用する言葉（基本語彙）は、ほとんど共通しており、会話ができないということはありません。しかし、日常の会話で余り使用しない言葉は、異なってくる可能性があります。たとえば、おじいちゃんと孫の生活空間と言うものを考えてみましょう。おじいちゃんは病院に行く以外、ほとんど町へも、隣の集落へも行かない。一方、孫は毎日、隣の集落の小学校に通い、そこの子供たちと遊び、学校の授業で新しい言葉を覚える。このような条件の違いによって言葉が異なってくると考えられます。

「えちょがす」を見てみましょう。「えちょがす」は新山、久喜、三崎、小袖のすべての年代層に見られ、図3で見たように野田方面からの強い浸透の結果と考えられます。これらの集落は、かって盛岡藩に属し、小袖の北、大尻からは八戸藩となり「えちょがす」の分布は見られません。かっての藩境が方言の違いよって裏づけられそうです。「もちょがす」は玉の脇、二子、大尻、小袖に見られ、久慈方面から海岸づたいに南下してきたものであることがわかります。(2)

『九戸方言地図』は、今から四〇年も前に、言語についてまったく素人の部顧問と生徒たちが手探りで作り上げたものです。製作当初はその内容にどれだけの価値があるのか少なからず疑問がありましたが、今振り返ると、岩手県北部沿岸地域の人々の言語生活の一面を、結果として過去に遡り描いたことになり、それなりに意味があったものと考えています。

Ⅱ　〈ジンジョ〉系方言の概要

1　〈ジンジョウカッカ〉、〈タガジンジョウ〉とは？

『九戸方言地図』を作成するにあたり行った久慈市の方言調査で見つけた〝肩車〟を意味する方言に〈ジンジョウカッカ〉と〈タガジンジョウ〉がありました。これらは、青森、岩手に分布する〈ジンジョ〉系方言の一つといってよいと思います。

まず、〈ジンジョウカッカ〉とは、〈ジンジョ〉と〈カッカ〉が結びついた複合語です。

では、〈ジンジョ〉とは何か？

このことは、この本のテーマとなる大きな問題で、後で詳しく論じますが、一般的には〝地蔵（様）〟とか〝人形〟を意味するだろうと言われています。〈カッカ〉とは〝肩に担う〟の意味で、幼児語と考えられており、筆者の故郷、八戸では、大人が子供をおんぶしたり肩車する時、「かっかするか？」と子供に聞きます。従って〈ジンジョウカッカ〉とは〝地蔵又は人形を肩車した様子〟という意味になります。

想像してみてください。大人が、前かがみになりながら、しゃがみ、子供を肩に乗せる。そして、身体を起こしながら立ち上がる。肩車してもらう子は目を輝かせ、ワクワクしながらも怖くもあり、大人にしっかりとしがみつく。このややこわ張った、硬直した様子が、人形や地蔵の譬えになるのではないでしょうか。もちろん、直接、人形や地蔵を肩車することがあったとすれば、そのことが方言に結びつく可能性もあります。

〈タガジンジョウ〉は説明するまでもないと思いますが〝高い〟と〈ジンジョウ〉が結びついた言葉です。

尚、〈ジンジョコ〉は、「はじめに」で述べたように〈ジンジョ〉に接尾辞〈コ〉が結びついた方言であり、東北人にはなじみ深く、親しみやすい言語表現となります。従って、以降、本書では〈ジンジョ〉系方言一般を表わす場合は、特に支障がない限り、〈ジンジョコ〉と表現したいと思います。

2　〈ジンジョコ〉の分布について

①　研究の先例　二つ

過去に、〈ジンジョコ〉について、分布図を示しながら解説している例が二つあります。

一つは森下喜一氏で、岩手の〝肩車〟について、以下のとおり述べています。

東部の沿岸地方（下閉伊郡山田町・上閉伊郡大槌町）には、カンズンコ系の語、九戸郡大野村には、チョーメンコ系の語、久慈市には、タガジンジョがある。これらのいずれの語も、一地点にだけに存在する語形であって、分布をなすまでの広がりをもっていない。一語形一地点ということなので、これらの語形の新古および伝播の過程などを推定することはできない(3)。

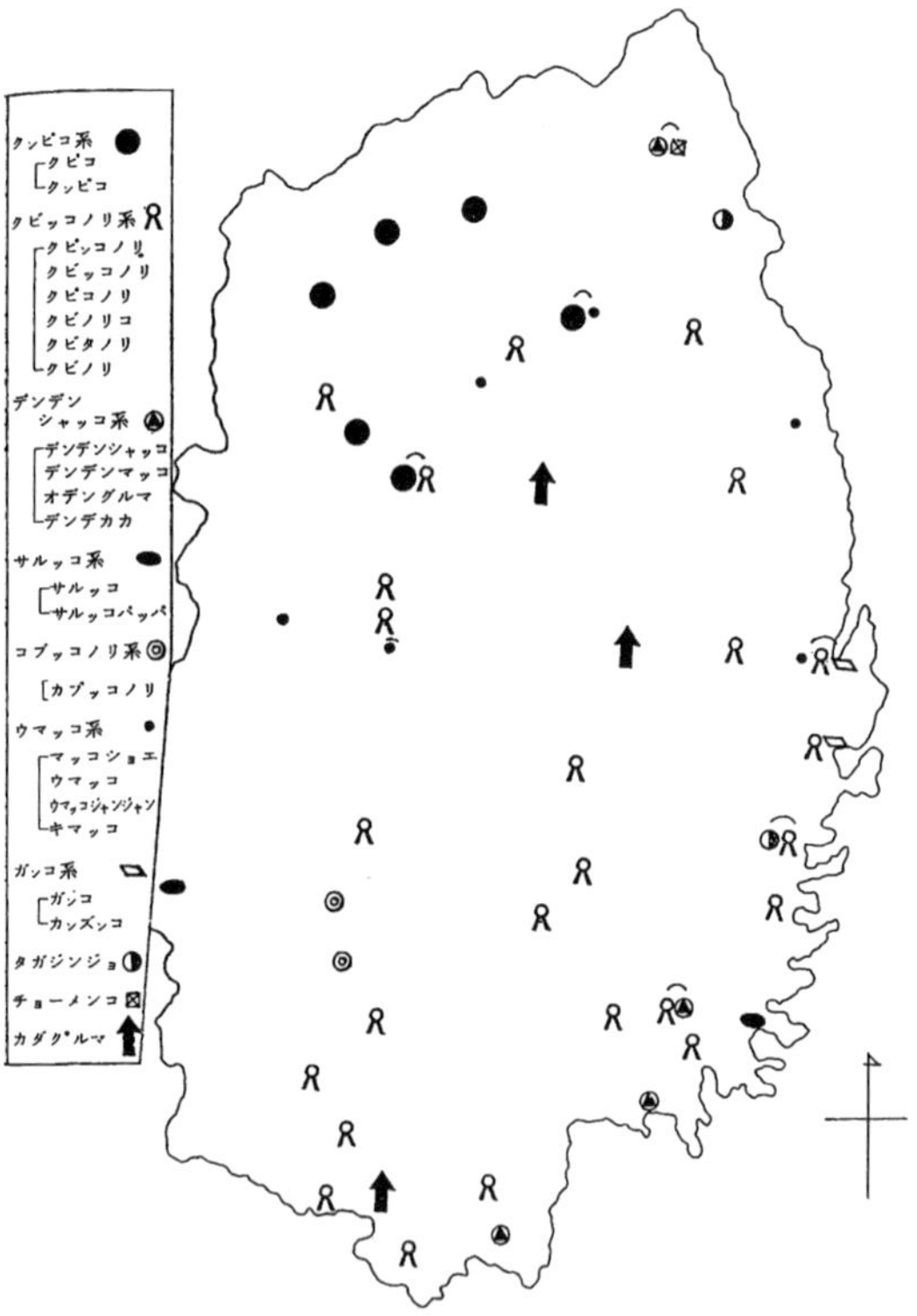

図５　肩車の分布
（森下喜一『岩手の方言』、教育出版センター、1982、p85）

これによると〈ジンジョ〉系方言は、〈タガジンジョ〉が久慈に、森下氏は言及していませんが大槌に一点ずつあるのみで、分布に広がりが見えず、その成り立ちや伝播を考察することができません。

調査地点は五一カ所と決して多くはなく、このような結果になったとしても仕方がなかったと思います。森下氏は調査結果の限界を承知しながら、純粋にこの分布図から読み取れることを述べておられるのです。いずれにせよ、この文献により〈ジンジョ〉系方言の存在は確認できました（図５）。

もう一つは小田正博氏で、〝肩車〟について、

> 南部（旧南部藩）では人形やお地蔵様のことを「じんじょう」と言いますが、肩車にも「じんじょう」を使う所があります。野田では「じんじょうかっか」、三本木（十和田市）では「じんじょっこおぼり」、上北では「じんじょこ」、吉里吉里（大槌町）では「たかずんぞう」と言います。[4]

と述べています（括弧内は筆者）。小田氏は多くの文献を渉猟し、これらの語を〈ジンジョコ〉系統と名づけ、分布の形をなしていることを地図で示されました（図６）。

この二例のように、過去に〈ジンジョ〉系方言の分布についての考察はあるのですが、まだまだ十分とは言えず、究明しなけ

図６　肩車の南部言葉
（小田正博『南部詞の世界』第２巻、改訂版、2008、p1343。方言の符号は小田氏の許可のもと、一部改変した）

ればならないことがたくさんあるのです。

②『日本言語地図』に『九戸方言地図』を重ねて

次に『日本言語地図』と『九戸方言地図』を結びつけ、〈ジンジョ〉系方言の分布を眺めてみます。

『日本言語地図』は、国立国語研究所が昭和三十二年（一九五七）から八年かけて、主に日本語語彙二三〇について全国調査し、地図化したものです。

調査地点は全国二四〇〇カ所（青森県七四カ所、岩手県九四カ所、秋田県七五カ所、ほか）に及び、人口密度や新旧の交通路なども考慮に入れながら、できるだけ一地方に偏らないように調査地点を選定しています。五万分の一の地形図の図幅でいうと一ないし四地点、大まかに言えば一二キロ行くごとに一地点と考えればよいかと思います。

調査は、厳密に統一された条件で行われました。たとえば調査対象者は明治三十六年（一九〇三）以前にその土地で生まれた男性（昭和三十二年調査の時点で五四歳以上）で、ずっとその土地で過ごした方を対象としました。このような方法で全国の隅々まで調べた例は、『日本言語地図』以前にはありませんでした。

現在、私たちは『〇〇町方言集』、『〇〇地方方言集』など様々な方言集を目にしますが、それぞれ調査の年、目的、方法、密度など条件が異なるため、それらを繋げたとしても全国の方言地図とすることはできません。

そういう意味でも、この『日本言語地図』は画期的なものでした。そのおかげで私たちは昭和四〇年代になって初めて、統一された基準の元に作られた全国の方言地図を目にすることができたのです。

a　岩手県北部沿岸

少々、前置きが長くなりましたが、『日本言語地図』に関わる図7と『九戸方言地図』に関わる図9、図10を用い、〈ジンジョ〉系方言の分布を見てみます。尚、図7を見るとき図8も参考にしてください。

図7の中で、長方形の線で囲まれている地域（図9の範囲）で記されている方言は、北から⇧〈ジンジョコ〉（種市町横手）、⬆〈ケンジョ〉（種市町八木《やぎ》）、◬〈マンジュウカッカ〉（久慈市久慈）、⬉〈タカジンジョウ〉（野田村野田）の四点となります。〈マンジュウカッカ〉を除けば〈ジンジョ〉系方言となります（表1、三四頁）。ここでは北部の⇧は後述するとして、図9で〈マンジュウカッカ〉〈タカジンジョウ〉の分布と広がりを見てみます。〈マンジュウカッカ〉は久慈市の中心部から主に北側に分布し、〈タカジンジョウ〉は中心部から南の野田方面に勢力がありそうです。図7では点に過ぎなかったものが図9では分布を成していることが分かります。図9では〈ジンジョウカッカ〉が最も広い分布を見せています。

図10を見てみましょう。図9にはなかった〈チョンマカッカ〉〈ボンジョウカッカ〉〈クビタンコ〉

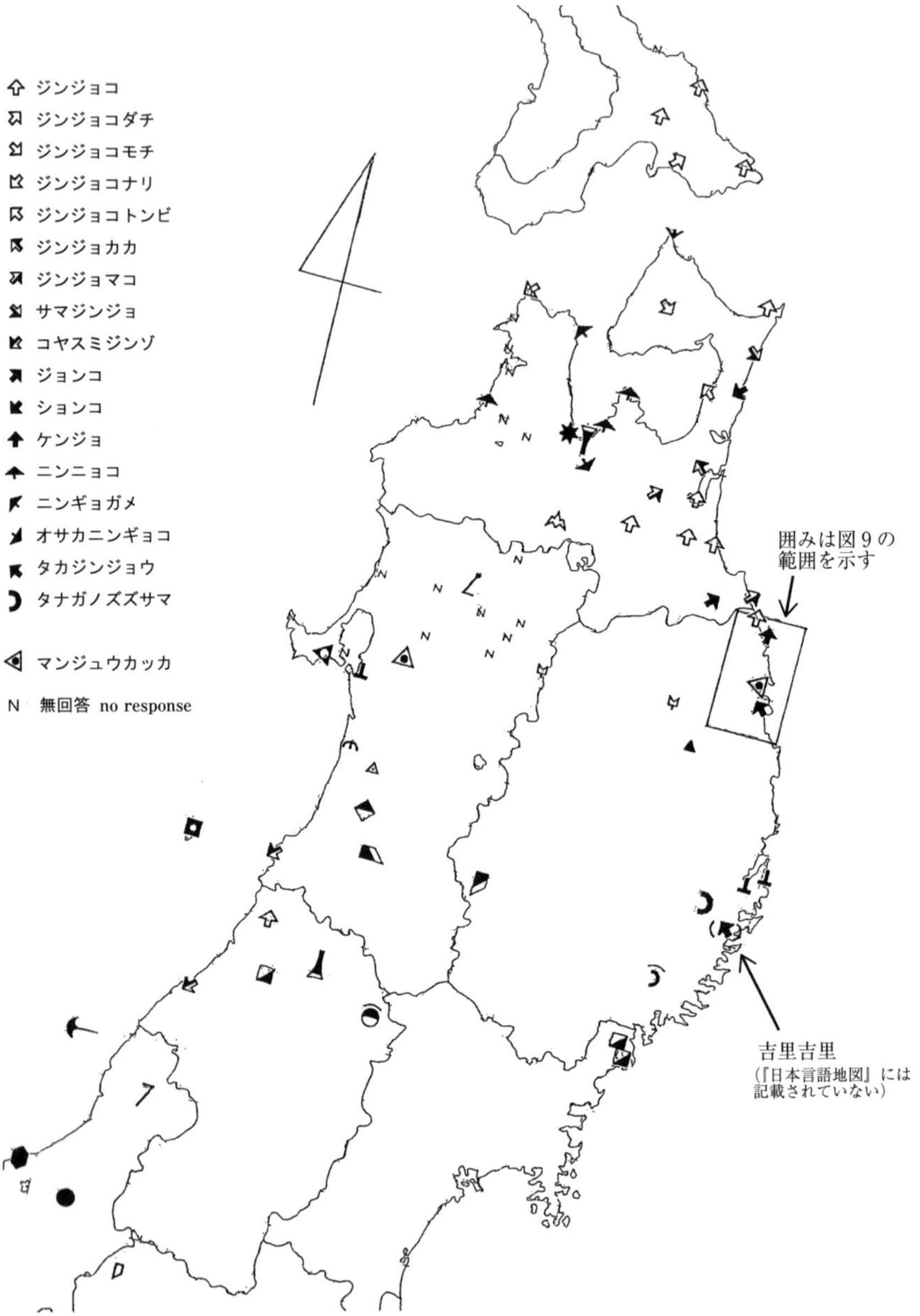

図7　〈ジンジョ〉系方言と〈ニンニョ〉系方言の分布
(「150 かたぐるま(肩車)―特殊な名称」『日本言語地図』にもとづき作成)

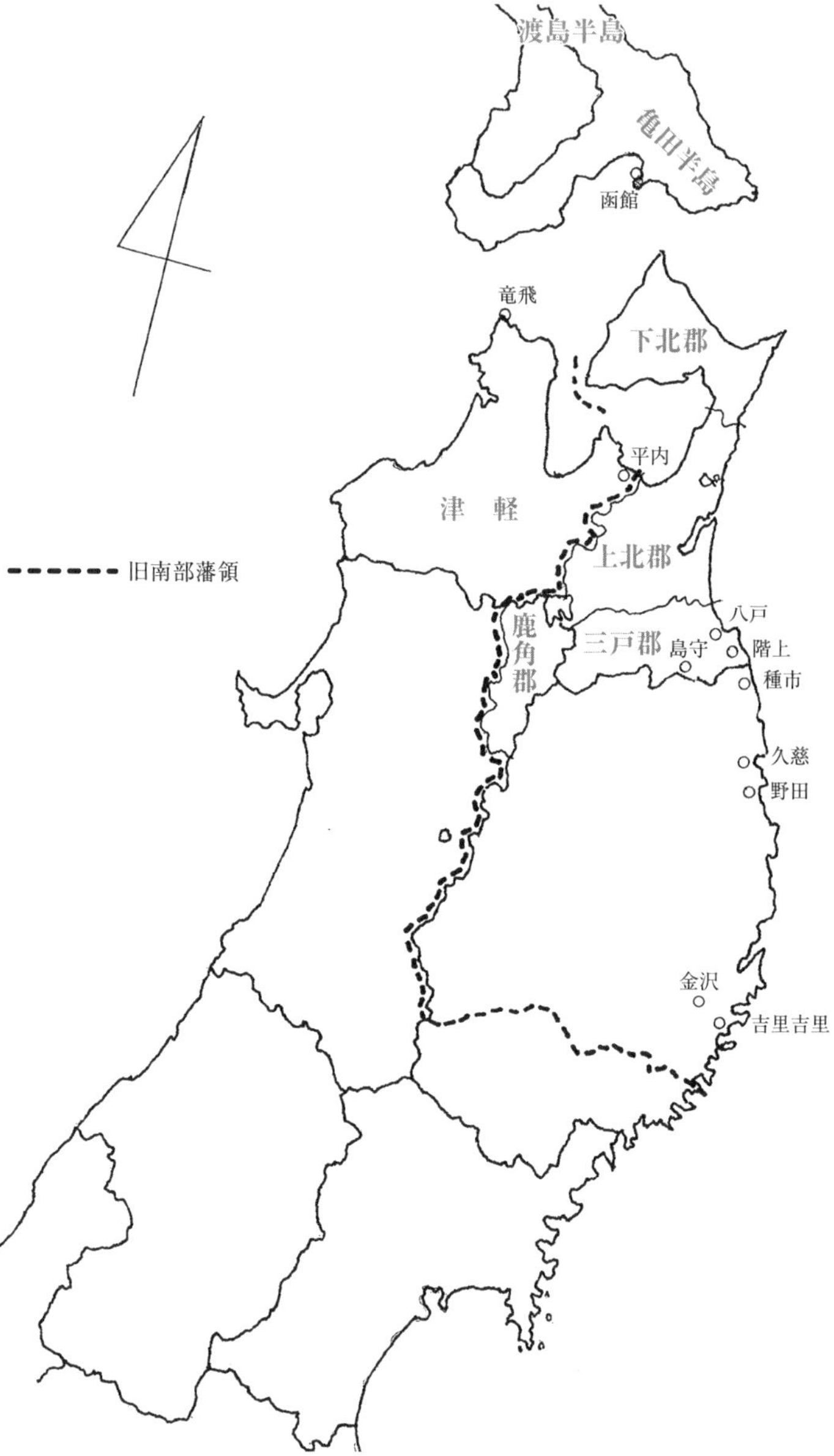
渡島半島
亀田半島
函館
竜飛
下北郡
平内
津　軽
旧南部藩領
上北郡
八戸
鹿角郡
三戸郡
島守
階上
種市
久慈
野田
金沢
吉里吉里

図8　藩境図

などが現れてきます。地図のスケール（縮尺）が変わると方言語彙も変化します。結局、それは調査地点の多寡によって決まります。『日本言語地図』といえどもすべてを表現しているわけではありません。図10によると集落間でかなり方言の地域差があります。これは、三陸沿岸では山が海に迫り、かつては隣村との交通も制限されたという状況や、〝肩車〟という言葉が他地域の人々との通常の会話に上りにくいため、それぞれの集落で独自に変化し、結果として大きな地域差のある方言になったとも言えます。ただ、同じ集落のなかでは、他の言葉に比べて年代層による方言差は少ないようです。

〝肩車〟は子供だけでは成り立ちま

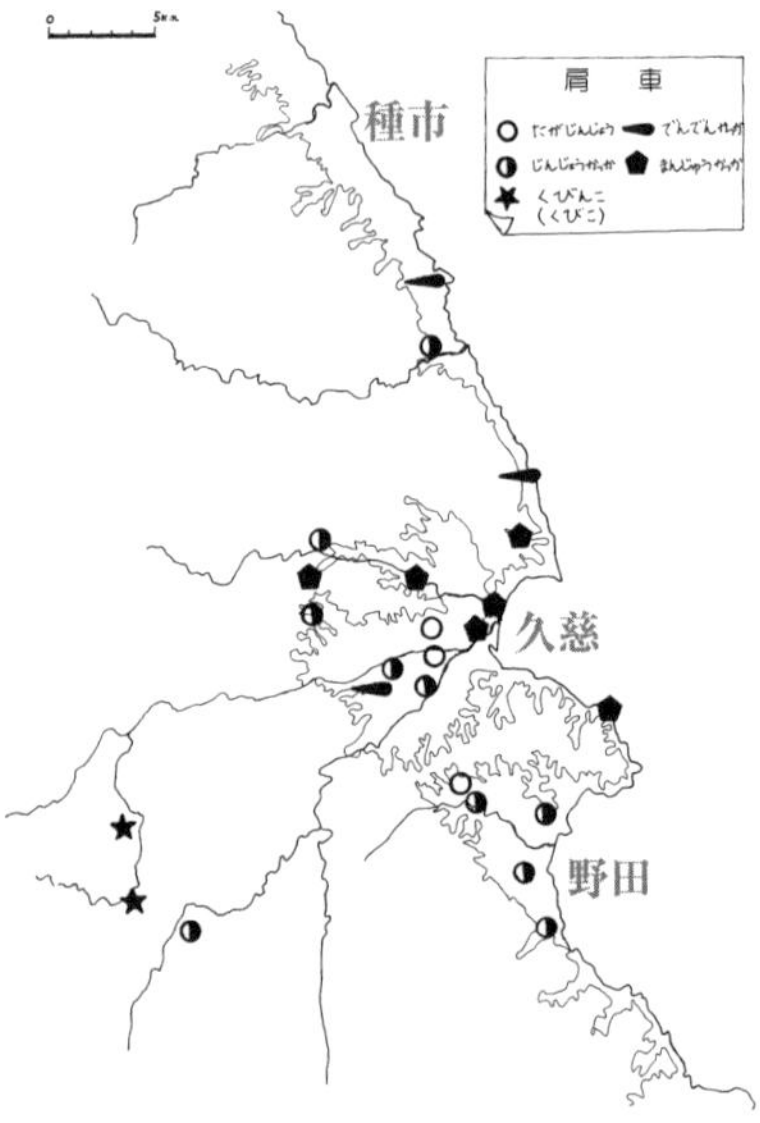

図９　久慈周辺の肩車方言の分布
（『九戸方言地図』）

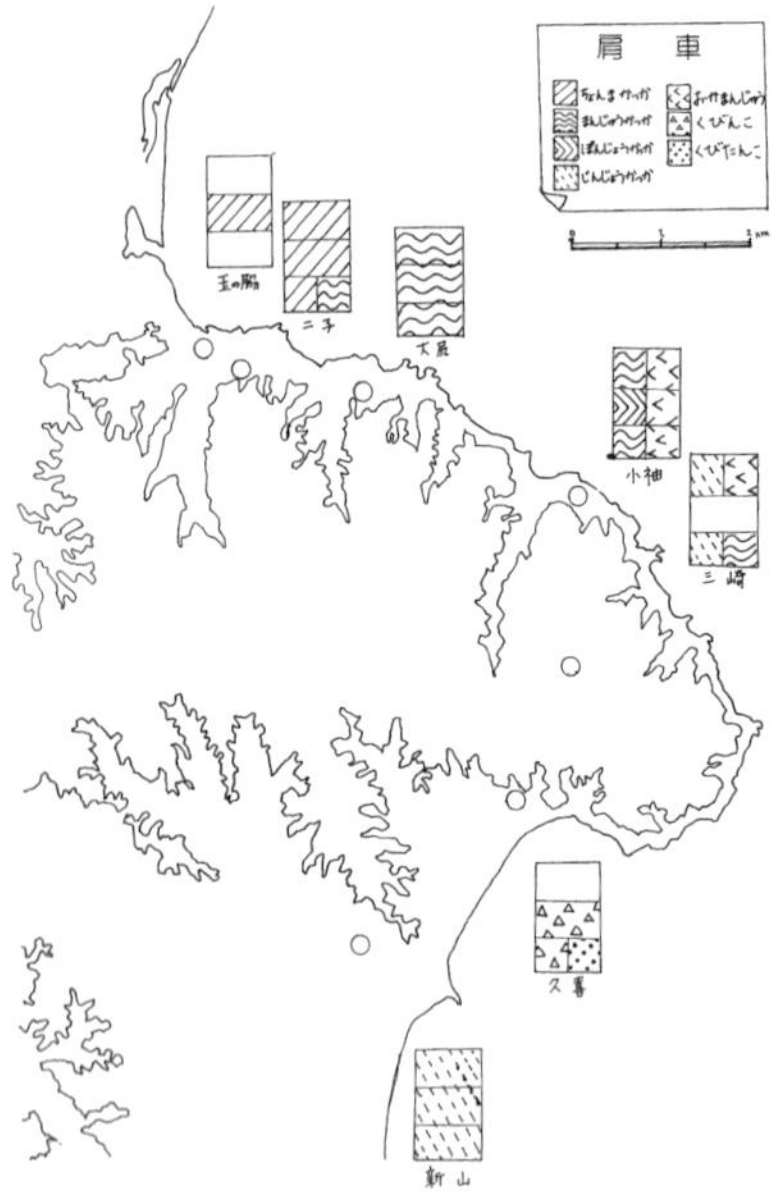

図10　久慈から野田に至る沿岸集落の肩車方言の分布（年代層別）
（『九戸方言地図』）

せん。大人の手助けがあって初めて成り立つ行為であり、必然的に子供と大人の言葉は共通します。そのことが年代層による方言差を少なくしていると考えられます。

さて、久慈、野田付近を出発点として北の方で〈ジンジョ〉系方言がどのように展開していくか。それに関しては図9、図10は参考になりません。図7すなわち『日本言語地図』をベースに見ていきます。

久慈市の北、種市町（現洋野町種市）に⇧〈ジンジョコ〉（種市町横手）、⬆〈ケンジョ〉（種市町八木）があります。

種市町の方言集によると、（ルビ及び括弧内は筆者）

> 更に肩車もじんじょう又はじんじょうっこと言うが、この呼び名も地蔵や人形の姿の延長上の言葉なのだろう。もっとも、城内《じょうない》など種市の山手では「じんじょううま」、隣町階上《はしかみ》の（青森県三戸郡階上町）の追越《おっこし》・大蛇《おおじゃ》では「てでっぽじんじょう」となっているが…。[5]

とあり、種市周辺でも〈ジンジョ〉系方言がしっかりと分布していることが分かります。

b　青森県東部

青森県に入ると、三戸郡の東部に〈ジンジョマコ〉（階上町道仏《どうぶつ》）と〈ジョンコ〉（南郷《なんごう》村島守）が

表１　青森・岩手両県の〈ジンジョ〉系方言の一覧

都道府県	名　称	調査地点名　その他
青　森	ジンジョコ	下北郡東通村大字岩屋字往来
青　森	ジンジョコモチ	下北郡川内町大字川内字家之辺《いえのほとり》（現むつ市川内町）
青　森	サマジンジョ	下北郡東通村大字小田野沢字畑浦
青　森	ジンジョコトンビ	上北郡横浜町字大豆田
青　森	ションコ	上北郡六カ所村大字泊字村内
青　森	ジンジョマコ	上北郡七戸町大字前川原
青　森	ジンジョカカ	上北郡甲地《かっち》村中村（現東北町中村）
青　森	ジンジョコ	上北郡浦野館村大字大浦字寒水《ひやみず》（現東北町大浦）
青　森	ジンジョコ	上北郡十和田湖町大字百目木《どめき》（現十和田市法量）
青　森	ジンジョコ	上北郡六戸町大字折茂字川原新田
青　森	ジンジョコ	上北郡百石町字下明堂（現おいらせ町下明堂）
青　森	ジョンコ	三戸郡南郷村大字島守字坂本（現八戸市南郷島守）
青　森	ジンジョマコ	三戸郡階上村大字道仏字小舟渡
青　森	ジンジョコナリ	東津軽郡三厩村大字宇鉄字竜飛《たっぴ》（現外ヶ浜町三厩龍浜）
岩　手	ジンジョコ	九戸郡種市町大字横手（現洋野町種市横手）
岩　手	ケンジョ	九戸郡種市町八木一地割（現洋野町種市八木）
岩　手	タカジンジョウ	九戸郡野田村野田
岩　手	タナガノズズサマ	上閉伊郡大槌町金沢　TANAGANOZUZUSAMA

（以上、『日本言語地図』により作成）

青　森	ジンジョコマワシ	東津軽郡平内町

（山村秀雄『青森県平内方言集』平内教育委員会、1980、p294）

岩　手	タガズンゾウ（高人像）	上閉伊郡大槌町吉里吉里

（関谷徳夫『いとしく　おかしく　懐かしく：私の吉里吉里語辞典』私家版、2007、p263）

あります。図7では、八戸市には〈ジンジョ〉系方言が分布していないように見えますが、筆者の故郷、八戸市市川町では〈ジンジョコ〉を使用しますし、八戸市湊町出身の女性から〈ジジョコ〉を聴取しています。

さらに北上し、上北郡、下北郡に入ると、〈ジンジョ〉系方言は、ほぼ全域に分布しています。特に上北郡は八カ所に及び、青森、岩手両県の半分近く（一七カ所中八カ所）を占め、〈ジンジョ〉系方言の中核地域と言ってもよいと思います。

青森県では、南部地方（旧南部藩の三戸郡、上北郡、下北郡）だけでなく、津軽地方（旧津軽藩）の一部にも分布しており、東津軽郡三厩《みんまや》村に〈ジンジョコナリ〉があるのが見てとれます。又、津軽の方言集[6]によると〈ジンジョコマワシ〉が東津軽郡平内《ひらない》町にあります。このように、〈ジンジョ〉系方言は、かつての藩境を越えて、津軽にまで及んでいるのです（表1）。

図7を見ると分かるように〈ジンジョ〉系方言は津軽海峡を越えて、北海道南部にも分布しています。渡島《おしま》半島南部、函館市の東部の亀田《かめだ》半島がそれに該当しますが、北海道の分布は、本州とは性格を異にしますので別章で論じます。

c　大槌《おおつち》の不思議

●吉里吉里《きりきり》の「高人像[7]〈タガズンゾウ〉」

図7を見ますと、岩手県北部沿岸の野田村の〈タカジンジョウ〉が、〈ジンジョ〉系方言分布の最

南端のように見えますが、大槌町吉里吉里の方言集に[8]「高人像〈タガズンゾウ〉」の項があり、そこには肩車の意と書かれていました（図7、8）。

吉里吉里の「高人像〈タガズンゾウ〉」については、前述の小田氏の著書[9]にも記されており、当然、この言葉は北部沿岸の〈タカジンジョウ〉と同種のものでしょう。

ではなぜ、これが南部沿岸にポツンと孤立して存在するのか？

大槌の港、吉里吉里は藩政時代、三陸沿岸の漁業、交易の一大拠点であり、久慈、野田などの沿岸北部の港との繋がりもありました。又、大槌と言えば藩政時代の豪商、前川善兵衛（吉里吉里善兵衛）の活躍が有名で、四代目の善兵衛（本名は富昌）は野田出身と言われています。善兵衛（富昌）は人物、才覚とも優れ、前川家に養子として迎えられ、その商才を十分に発揮し、前川家に最盛期をもたらしました。四代目善兵衛は愛郷心の強い人で、生家の菩提寺である野田の海蔵院《かいぞういん》（曹洞宗）に、水田や石仏などを寄進しています。さらに、野田の海産物の干アワビや干ナマコを俵物として江戸に回送していました。

このような北部沿岸との強い絆が大槌町吉里吉里に〈タカジンジョウ〉→「高人像〈タガズンゾウ〉」をもたらしたものと考えられます。

●　金沢《かねざわ》の〈タナガノズズサマ〉

大槌町の内陸部の金沢に〈タナガノズズサマ〉という不思議な方言があります（図7、8、表1）。

〈ズズサマ〉は「爺《じじ》さま」のことではなく「地蔵さま」のことのようです。従って「田中の地蔵様」ということになりましょうか。

「田中の地蔵様」は盛岡に現存しています。正式名称は、田中大智《たなかだいち》地蔵尊。盛岡市本町通（旧四ツ家）の沿道の一角に鎮座し、町内で祭られ、広く盛岡市民からも親しまれています。毎年、七月二十三日に夏祭り、一月二十三日にお年越しが行われ、地域の重要なイベントとなっています（写真1、2、3）。

田中大智地蔵尊は、元禄七年（一六九四）、盛岡藩五代藩主の南部行信公が、ご母堂の供養のため火屋《ほや》（火葬場）跡に建立したもので、田圃の中に鎮座したことから「田中の地蔵様」と称されることになったとのことです。明治以降あまり顧みられることがなく、露台となって荒れ果てていたところを大正二年（一九一三）旧

写真1　田中の地蔵様（田中大智地蔵尊）
（盛岡市本町通〔旧四ツ家〕、2013.7）

写真2　地蔵様のお人形
四ツ家町内会主催の地蔵様の夏祭りで販売。婦人部の手作り（2013.7）

写真3　子供みこし
（地蔵様の夏祭り、2013.7）

四ツ家町の有志の方々が引き取り、現在地に遷座しました。

「田中の地蔵様」は藩政時代から有名で、わらべうたにも唄われ、盛岡藩内はもちろん、隣の伊達藩でも親しまれていました(10)。

遠野（盛岡藩）地方では、

田中の地蔵さん
なに餅すきだ
小豆餅すきだ(11)

と、唄われていたという確かな記録があり、さらに遠野では、替え歌で様々に口ずさまれていました。

さて、その遠野と大槌は「大槌街道」で結ばれていました。街道は遠野の土渕から界木峠《さかいぎ》を越え、小鎚《こづち》川沿いに下り大槌に至ります。金沢は「大槌街道」の北側、山一つ隔てた大槌川沿いに位置し、「金沢街道」の中心集落となります。「金沢街道」は大槌代官所管轄区（大槌通り）では、沿岸の大槌と内陸の小国《おぐに》方面を結ぶ重要な街道であり、間道（わき道）を通して「大槌街道」とも繋がっていました。そのため、遠野方面から容易に、情報、文物が入ってきたものと考えられます。「田中の地蔵様」もその一つだと言えるかもしれません。

大槌は遠野を介して盛岡とも結ばれていて、盛岡〜遠野間は、「遠野街道」と呼ばれ、盛岡と藩第二の都市、遠野を結ぶ重要な街道でした。したがって、遠野からではなく、盛岡から直接流入した可能性もあります。

大槌は代官所の所在地であり、代官は盛岡から派遣されます。そして赴任後の盛岡との往来は、主

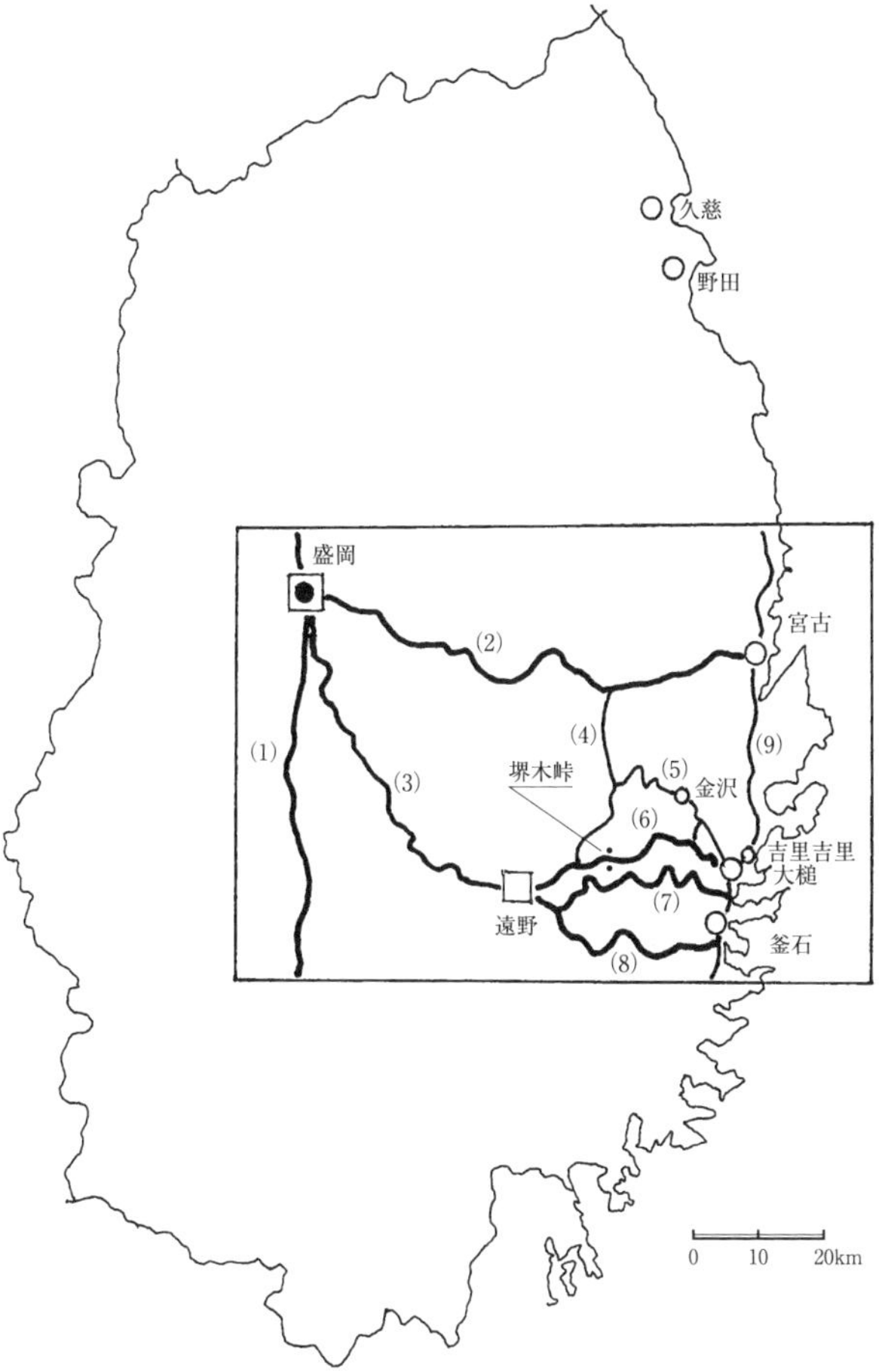

図11　盛岡と沿岸南部を結ぶ街道

(1)	奥州街道	(4)	小国街道	(7)	笛吹街道
(2)	宮古街道	(5)	金沢街道	(8)	釜石街道
(3)	遠野街道	(6)	大槌街道	(9)	浜街道

に「金沢街道」を利用したと言われています。そのため「金沢街道」は別名「代官道路」とも呼ばれました。又、大槌は民俗芸能の盛んなところで、特に大神楽《だいかぐら》は盛岡の芸能集団「七軒丁」(12)の指導を受け、発展したと言われています。さらに金沢は藩政時代、金の産地として有名を馳せ、盛岡からも関係の業者が出入りしていました。このような盛岡との強い繋がりの中で「田中の地蔵様」が入り込んだとしても、何ら不思議ではありません。

筆者の想像ですが、内陸部に住む金沢の人たちが沿岸部の吉里吉里を訪れた際、〈タガズンゾウ〉という肩車を意味する方言に出会い、その言葉の後半の〈ズンゾウ〉を〝地蔵〟と解釈し、地元金沢に伝えた。そして金沢の人たちによく知られている「田中の地蔵様」をその〈タガズンゾウ〉になぞらえ、肩車を意味する方言として使用するようになった。それが〈タナガノズズサマ〉の正体ではないかと考えています（図11）。

d　〈ジンジョコ〉は恥ずかしがり屋？

筆者が、〈ジンジョコ〉という言葉の使用について北東北の村々を訪ね歩いても、はっきりした答えが帰ってこないことがしばしばありました。

青森県上北郡のある村で、年配の女性たちに尋ねたところ「使わない」という返事でした。なるほど、そんなものかと思いながらも、後で男性たちに聞いたところ「いや、普通に使っているよ」ということでした。多分、女性たちは〈ジンジョコ〉は昔の言葉と思っていて、それを使用していることを知られるのが恥ずかしいと判断したものと思われます。又、村の若い人、特に子供たちの間では〈ジンジョコ〉はあまり使用されず、標準語である〈ニンギョウ（人形）〉の場合が多く、そのことに対する配慮とも感じました。

下北郡の村では、「人形おくり」（Ⅶ章一二七頁に詳述）の藁人形について、〈ジンジョコ〉と言いませんか?と尋ねたところ、「言わない」という答えでした。ところが筆者が席を外し、村の人たちだけになると、藁人形のことをひんぱんに〈ジンジョコ〉と言っているのです。おそらく、これは前述の女性たちと同じ心情に由来するものと思われます。筆者も同じ〈ジンジョ〉圏の出身者ですので、その心情は理解できます。

又、前述の上北郡の村とは別の村で、年配の男性に同じく尋ねたところ、しばらく黙り込んだあと、おもむろに「悪い言葉ではないか?」と聞き返されました。

確かに、この北東北の地域では〈ジンジョコ〉は、「不器用で、融通が利かないこと」の譬えとしても用いられます。所謂、標準語の〈ニンギョウ（人形）〉の譬えと同じです。

このように見てきますと、現代という時代は〈ジンジョコ〉にとって、生き難い時代なのかもしれません。

e　〈ジンジョコ〉が成立したのは、いつ頃か?

これまで述べてきたように、北東北で話されている〈ジンジョ〉系方言は、〝地蔵〟〝人形〟〝肩車〟

の三つの意味があります。〝地蔵〟の意味では、東北弁の訛りからすると、東北全域に及ぶと考えられます。その例は、青森、岩手はもちろん、秋田、山形、宮城などでも散見できます。

〝人形〟の意味では、旧南部藩領全域に及びます。旧南部藩領とは青森県東部（下北、上北、三戸の各郡と八戸）と、岩手県北・中部（二戸、九戸、岩手、下閉伊、上閉伊、紫波、稗貫、和賀の各郡と盛岡）さらに、秋田県北東部（鹿角郡）に及ぶ範囲です（図8、三二頁）。旧秋田領、津軽領、伊達領でも若干見られはしますが、ほぼ旧南部領に限られます。このことは、藩政時代、すなわち江戸時代に旧南部領内に普及した方言であることを物語っています。

〝肩車〟の意味では、旧南部領の北部地域、すなわち青森県東部の大部分と岩手県北部沿岸に分布し、ちょうど〝人形〟分布の北部地域と重なります。

それでは〝肩車〟が普及したのはいつか？

前述したとおり、岩手県大槌町の「高人像〈タガズンゾウ〉」は、北部沿岸の久慈、野田方面から江戸中期に伝わったと考えられます。又、北海道の亀田半島の〈ジンジョコ〉は、津軽海峡を挟んですぐ南の下北半島からの伝播が想定され、伝播の担い手である移住者が多かったのは、江戸後期と言われています。

〝人形〟の方言はもちろんですが、〝肩車〟の場合も江戸時代に成立していたと思われます。決して明治とか昭和とか、最近のことではなかったのです。

Ⅲ　全国の〝肩車〟の方言分布

次に日本全体の〝肩車〟の方言分布を概観してみます。『日本言語地図』では〝肩車〟の方言分布を二枚の地図で表わしています。通常は、「一語一枚」が原則なのですが、〝肩車〟の方言は語形が非常に多く、多様で四六六種に及び、一枚の地図には収まり切れず、二枚に亘ったとのことです。

最初の一枚「No.１４９　かたぐるま(肩車)―一般的な名称」には、分布範囲が広く、且つ、まとまっている語形が主に描かれています。もう一枚の「No.１５０　かたぐるま(肩車)―特殊な名称」には、分布が狭く、やや孤立的な語形が描かれています。

1　分布範囲の広い方言

まず、分布範囲が広く、まとまって展開している方言を見てみます。本来であれば、原図である「No.１４９　かたぐるま(肩車)―一般的な名称」を示すべきですが、語形、語数が余りに多く、複雑すぎるため「概略図」（図12）で示しておきます。

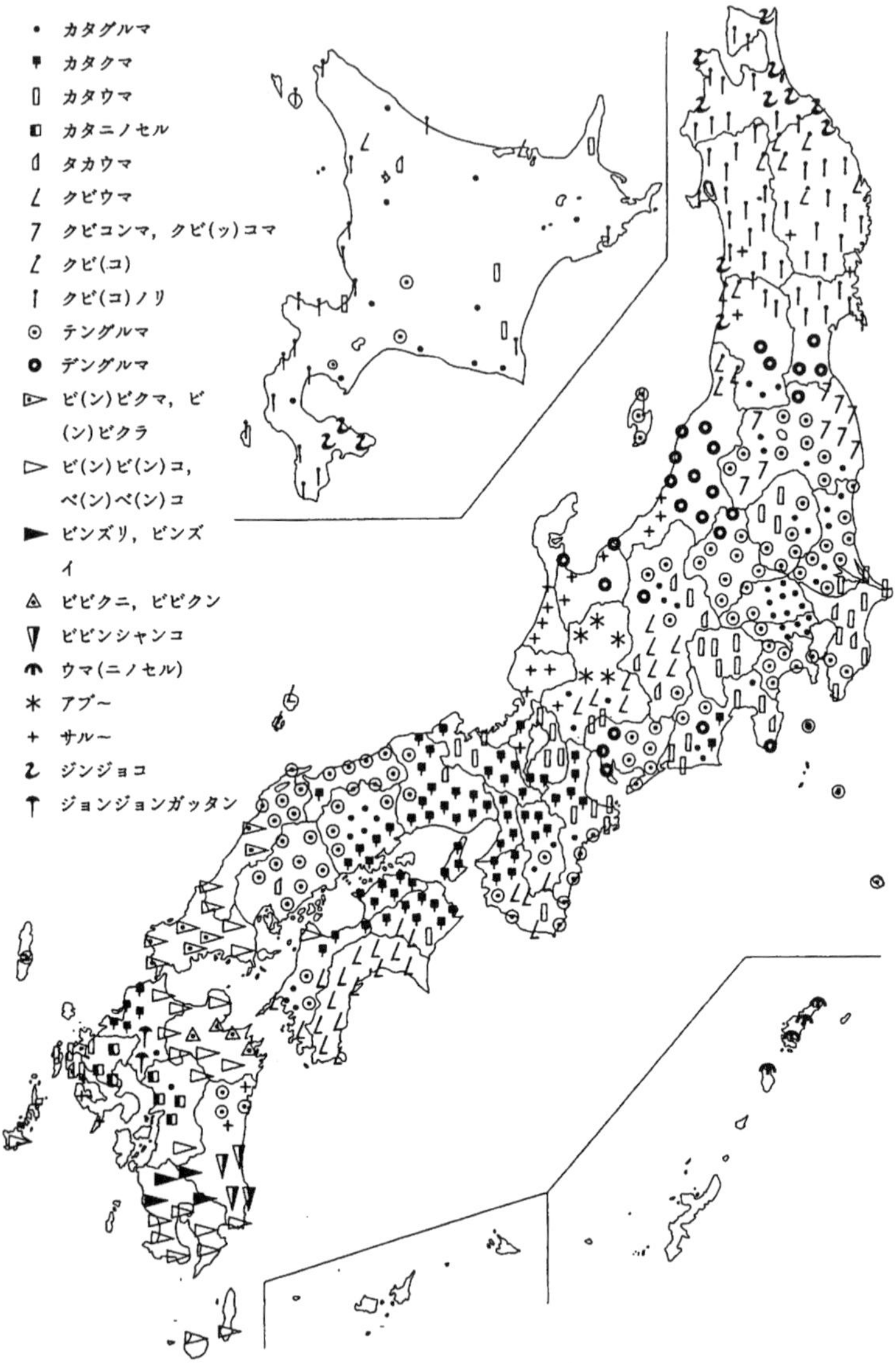

図12 全国の肩車方言の分布概略図

（佐藤亮一監修、小学館辞典編集部編『お国ことばを知る方言の地図帳』小学館、2002、p157）

①〈クビ〉系について

肩車の有力な方言の一つとして〈クビ〉系の語形が挙げられます。〈クビウマ〉がその代表例で、分布範囲は中部地方の長野、岐阜で一つのまとまりを持ち、その他に紀伊半島南部の和歌山、奈良、四国南部の高知、徳島、愛媛にもあるのが分かります（図12）。

又、東北地方では〈クビ（コ）ノリ〉が有力で、福島では〈クビコンマ〉が目立ちます。

東北の〈クビ〉系方言は、西日本からの影響も考えられますが、〈クビコサノル〉〈クビッコニノセル〉など動詞形の表現もあり、これが後に〈クビ（コ）ノリ〉などの名詞形につながったと考えれば、他地域の影響というよりは東北の中で独自に変化し、分布を成したと考えるのが妥当かと思います。

北海道の沿岸部には〈クビ（コ）ノリ〉が目立ちますが、これは東北からの移住者や漁業出稼ぎ者がもたらしたものと考えられます。

②〈カタ〉系について

〈クビ〉系と並んで、大きな勢力を持つのが〈カタ〉系です。

〈カタウマ〉が関東地方の栃木、千葉、茨城、中部地方南部の山梨、静岡、岐阜、愛知、近畿地方の滋賀、京都、三重に分布しています。

〈カタクマ〉は〈カタ〉系では最も勢力があり、京都、大阪を中心に近畿地方ほぼ全域に及び、さらに中国、四国地方にも広がっています。この地域からやや離れた、静岡や福岡の分布は、京都、大阪方面からの「飛び火」と、理解できると思います。尚、〈カタクマ〉は〈カタコマ（駒）〉から生じたと考えられます。

③　なぜ〈クビ〉系、〈カタ〉系が大勢力に？

〝肩車〟は大人が子供を肩に乗せ、立ち上がった時の様子を表した言葉です。ただ、これを適当な言葉で表現するのは意外と難しいことではないでしょうか。このことを〈クビ〉系、〈カタ〉系と並んで大勢力を持つ〈テングルマ〉系方言の〈テングルマ〉を例に考えてみます。

尚、笹間良彦氏の『日本こどものあそび大図鑑』によると〈テングルマ〉〝手車〟は「御神輿遊び」と同じとなっているので、以下にそれを引用します。（ルビは筆者）

御神輿遊び（おみこしあそび）

「御神輿ごっこ」「お祭りわっしょい」ともいう。３人一組で行う。大きい子が２人向き合って手を差し違えに組むと（中略）ちょうど井桁のようになり、（中略）。ここに少し小さい子を乗せて腰を下ろさせ、「祭りだ、ワッショイ」などと言いながら練り歩く。（中略）手を組ん

図 13　テングルマ（手車）

で乗せるので「手車」、なまって「てんぐるま」とも呼ばれた。➡手車(13)

しかし、なぜ〈テングルマ〉(図13)が〝肩車〟となるのか？　両者は、似ていると言えば似ている。似ていないと言えば似ていない。確かに〈テングルマ〉、〝肩車〟ともに、運ばれている子供の足が地面に着いていないという点では通ずるものがあります。しかし、一方は二人で手を組んで、その上に子供を乗せ、一方は一人で子供を肩に乗せる。外見上は、別のものという感じがします。

私たちは肩車に似たポーズを、日常生活はもちろん、地域の祭りや行事などでもなかなか見ることができません。そのような中で、〈テングルマ〉と〝肩車〟は「足が地面に着かない」という点では一致します。この一致点に、目ざとく着目し、〝肩車〟を〈テングルマ〉と呼んだ可能性があります。意外と苦しい命名だったのかもしれません。

これに比べ、肩車で使用する身体の部位名である〈カタ（肩）〉とか〈クビ（首）〉を言葉の中に繰り込むと、途端に理解が容易になります。例えば〈カタウマ〉とは、大人の肩に子供が馬乗りすること。〈クビノセ〉は子供を首に乗せること。肩車のイメージが明瞭で、具体的です。〈カタ〉〈クビ〉などは、日本語の基本的な身体語彙であり、その方言差はほとんどありません。

以上のことから、〈クビ〉系、〈カタ〉系方言の広い分布の理由が分かると思います。

④〈テングルマ〉系（〈デングルマ〉も含む）について

〈テングルマ〉の本来の意味は、前述したとおり子供たちの遊びの一つでした。それが、後に〝肩車〟も意味するようになったのです。

その分布は広く、柳田国男は著書で「多くの肩車の方言の中では、是たゞ一つだけが意外に分布が弘《(ママ)》い[14]」と述べています。なぜ分布が広いのか、その子細は分かりませんが、〈テングルマ〉は、子供の遊びとして古くから普及していたことは確かなことです。

まず関東地方は、ほぼ全域に分布しています。そして、関東地方に近い東北地方南部（福島、山形、宮城）、中部地方北部（新潟、富山、長野）にも分布し、全体としてひと塊の大きな分布地域を形成しています。さらに、中部地方の南部（静岡、愛知）、近畿地方の南部（三重、和歌山、奈良）、中国地方（鳥取、広島、島根、岡山）、九州地方（宮崎）にも分布が見られます。

これら〈テングルマ〉系分布地域と〈カタ〉系分布地域の接するところに〈カタグルマ〉という、新しい語形が生まれます。関東地方の場合を見ると、東の〈カタウマ〉と西の〈テングルマ〉が接する地域、すなわち東京付近に〈カタグルマ（肩車）〉が誕生しました。決して広い分布とはいえませんが、東京近辺の言葉ということで、後に標準語の地位が与えられたと思われます。

このように、二つの言葉が衝突し、一方の前部と他方の後部が結ばれて、新しい語形ができることを、方言学では「混交」と呼んでいます。〈カタグルマ〉はその典型なのです。

以上、分布範囲の広い方言の例として、〈クビ〉系、〈カタ〉系、そして〈テングルマ〉系の三つを挙げました。

コラム(1)　昔、〝肩車〟には名前（呼び名）がなかった？

◆名前がないのは〝肩車〟だけではなかった

図7（三〇頁）や巻末の詳細図（一八〇頁）を見ると、小さな「N」の分布があります。これは〝無回答（No response）〟ということで、回答者が「名前や呼び名がない」「分からない」としたものです。つまり、〝肩車〟を表現する言葉がないということです。しかし、私たちが身近に接する物や事柄に、名前や呼び名がないということがあるのでしょうか？

実は、〝肩車〟と似た例が、他の言葉にもあります。『日本言語地図』収録のものとしては「薬指」がそれにあたります。

ここで、ご自分の手の指を確かめてみてください。親指の側から順に、「親指」「人差し指」「中指」「薬指」「小指」となりますが、薬指のところで、少し迷った方がいませんか？「あれ～何と言ったっけ」と。薬指以外の指は日常よく使用し、その命名の理由もすんなりと理解できます。しかし、親指から四番目の指、つまり薬指を何と呼ぶのか？ 昔の人たちは、きっと悩んだはずです。「薬指」などという気の利いた呼び名は、かなり後代になってから発明されたものではないでしょうか。その証拠に「薬指」を『日本言語地図』で見ると「N」の箇所がかなり多いのです。そして、「名無しの指」などという、少々うがった表現の方言もありました。

「名前がない」のは、決して〝肩車〟だけではなかったのです。

◆「N」は列島の「縁辺」に

さて、〝肩車〟の「N」の分布ですが、全国で四〇地点を数えます。その中で、ある程度の広がりとまとまりを持った地域（Nが一地点だけで孤立しているのではなく、二地点以上が近接して広がりをもって分布する場合）を挙げると、青森県北西部に一カ所（五地点が近接）、秋田県北部に一カ所（一〇地点が近接）、石川県、広島県、宮崎県、鹿児島県のそれぞれに一カ所（いづれも二地点近接）があります。どちらかというと、列島（北海道を除く）の縁辺部に位置する場合が多いのです。

このように〝肩車〟に呼び名のない地域があったとしても、〝肩車〟という行為自体はあったはずです。それでは〝肩車〟を、言葉を使用せずどのようにして相手に伝えたのでしょうか？　おそらくは身振りや手振り、すなわち、肩を揺するとか、肩を手で叩くなどの身振り言語・ボディランゲージで相手に伝えたものと想像されます。

さて、「N」が列島の縁辺に分布するという事実は、古い言葉は、国土の縁辺部に分布すると説く「方言周圏論」[15]に通じる一面があります。

昔はおそらく、「肩車に呼び名がない」という地域は、日本の各所にあったはずです。それが、日本の中心部で、次々と新しい呼名が発明され、周辺部に広がり、「N」地域を埋めていった。そして最後、列島の縁辺部（青森、秋田、宮崎、鹿児島の一部）や山間部（石川、広島の一部）に残るのみとなった。そのような姿が想像されます。

2　分布範囲は狭いが、地域文化をよく反映した方言

前節では、分布範囲の広い方言三例に触れたわけですが、ここでは分布範囲が狭い、しかし、地域の文化すなわち地域の行事、祭り、芸能、宗教などをよく反映していると思われる方言を取り上げてみたいと思います。

『日本方言地図』では、「No.１５０　かたぐるま（肩車）特殊な名称」に記された言葉の多くは、これに該当すると思います。「No.１５０」は「No.１４９」に比べ語数も少なく、ほぼ原図どおり示すことができます（詳細図、一八〇頁）。

ここでは〈チゴ〉系と〈ナンマイダブツ〉系を取り上げます。

①〈チゴ〉系について

a　チゴとは稚児

チゴのついた方言を巻末の詳細図（一八〇頁）に見ると、新潟県糸魚川市（図15、五七頁）にチゴブエが一つあるのみです。ただし、『日本方言地図』の「No.１４９」では、各地にチンゴ、チンゴマ、チゴルマイ、カタゴノオチゴなど明らかにチゴ系と思われる方言が散見できます。

このチゴとは何か。もとは何から来ているのか。

チゴは乳飲み児や幼児を指す稚児から生じたものとされており、そもそも稚児という言葉自体が「チノミゴ」が縮まってできたようです。年齢は七歳未満を指し、「七つまでは神のうち」という言葉があるように、この子たちの魂はまだ神の手の内にあり、人間界に馴染まず不安定なものとされてきました。

稚児の魂は無心で清らかであり、神に近い存在と考えられ、祭りにおいては、神事の先達を勤めたり、神のよりましとして舞う(16)（稚児舞）という重要な役を担います。そして稚児の移動の時、多くは大人に肩車され、決して地面に足を着くことはありません。このことがまさに、子らが人間界（地面）になく神の領域にある、ということを意味しています。

このような稚児舞（稚児舞楽）を中心に据えた祭りや行事が全国で二五カ所ほどあり、その多くは本州の日本海側に分布しています。

コラム(2)　糸魚川《いといがわ》の稚児舞――稚児舞は厳かに――

稚児舞の一例として、〈チゴブエ〉が採取された地域の一つ、新潟県糸魚川市一の宮の「天津神社の春大祭」（四月十日）で行われている「稚児舞」(17)を取り上げてみます。

この大祭は、別名「けんか祭り」とも呼ばれ、氏子である糸魚川市押上地区と寺町地区の若衆が、それぞれ神輿《みこし》を担ぎ、走り、そしてぶつかり合い、地元の豊作、豊漁そして子孫繁栄を祈ります。

これが祭りの動の面とすれば静の面を担うのが「稚児舞」なのです。

筆者は、平成二十七年（二〇一五）四月に糸魚川市を訪ね、大祭を見学しました。その折、稚児役の親族で、祭りの世話役でもある室川信幸さん（七四歳＝当時）から、親しくお話を伺うことができました。以下は室川さんからお聞きした内容を中心に、祭りの様子を描いてみます。

稚児は、祭りの当日、早朝から神社境内の衣紋所《えもん》（装束の着付を行う所）に入り、入念に衣裳を整え、化粧をします。そして、祭りの開始時間が近づくと、大人に肩車され、衣紋所の玄関に整列します。そして、きらびやかな衣裳をまとった稚児を一目見ようと、多くの人々が詰めかけます。

前述のとおり、稚児は神のよりまし、代理であり、肩車され地面に足をつくことはありません。稚児たちは行列し練り歩いた後、舞台に上り春大祭の奉納のため「稚児舞」を披露することになります。

稚児行列の構成を見ると、「稚児」と「稚児担ぎ（肩車を担う　大人）」、そして「傘持ち（脇から稚児に傘を差す　大人）」の三者が一組をつくり、計九組が一列に並びます。先頭と二番目の組は年少の稚児で、「唐子（からこ）」と呼ばれています。「唐子」とは唐風の衣裳をした子供という意味です。肩車の形は、両肩に馬乗りになり、足を首の前に突き出した形で、普通の肩車と言ってよいかと思います。普通の肩車が可能なのは、稚児が小柄なこと、衣裳の下部がズボン状であるためです（写真4、5）。

「唐子」の場合、「稚児担ぎ」、「傘持ち」は主に親族が担当します。室川さんの場合は、お孫さん（八歳）が「稚児」、息子さんが「稚児担ぎ」、ご本人は「傘持ち」を担当されました。ちなみに当日は、先頭に次ぐ二番目の組に並びました。

「唐子」の後方には「割《わり》稚児（唐子と本稚児の間という意味か）」（三組）、「本稚児」（四組）と続き、ほぼ「稚児」の年齢順に並びます。「本稚児」の年齢は一一歳にもなります。「割稚児」と「本稚児」の肩車は「唐子」とは異なり、左肩車ないし右肩車となります。なぜ、片方の肩だけの肩車となるのか？　理由は二つあります。一つは「割稚児」、「本稚児」は、稚児といっても年齢も高く大柄で、体重もあり普通の肩車では担ぎ手の負担が大き過ぎること。もう一つは稚児の衣裳が狩衣《かりぎぬ》風で、普通の肩車では裾の乱れが目立つということも理由の一つです。それでも担ぎ手の負担は大きく、行列の途中で時々立ち止まり、足掛け台というT字型の木製の台を地面に立て、それに稚児の足を乗せ、担ぎ手の肩の負担を軽減させています（写真6）。

稚児行列は二つの神輿集団の間に入り、その集団を従え、厳かに練り歩きます。そして最後に、境内中央に設けられた舞台に降り立ちます。その後、午後からの「稚児舞」に備えるために舞台、楽屋そして衣紋所へと移動します。

しかし、衣紋所は舞台、楽屋とかなり離れています。当然、歩かなければ（地面に足をつけて）ならないのでは？　いえいえ、このことに備えて楽屋と衣紋所の間に、全長一八メートルに及ぶ空中回廊とも言うべき渡り廊下（高さ一九〇センチメートル、幅七〇センチメートル）が臨時に設けられるのです（写真7）。稚児は祭りのあいだ、稚児舞の準備などがあり、何度も、舞台方面と衣紋所の間を往復します。そのための渡り廊下なのです。このようにして、稚児たちは祭り終了まで、決して地面に足を着くことはありません。

稚児舞は、稚児行列が終わった後、午後一時頃から五時過ぎまで中央の舞台で催されます（写真8）。

写真6　右肩車

年長の稚児は右肩車で、足掛け台も備える。（天津神社の春大祭、2015.4.10）

写真4　稚児と稚児担ぎ、傘持ち

三人一組で行列の先頭に。唐子の稚児はお父さんにしっかりと肩車。

（天津神社の春大祭、2015.4.10）

写真7　渡り廊下を移動する稚児

（天津神社の春大祭、2015.4.10）

写真5　お練り

いよいよお練りのスタート。右の三人が室川さんのご家族。

（天津神社の春大祭、2015.4.10）

写真8　稚児舞

（天津神社の春大祭、2015.4.10）

b　〈チゴ〉系方言のいろいろ

さて、肩車を意味する〈チゴブエ〉の〈フエ〉とは何か。これは稚児舞の時に吹かれる笛のことで、稚児行列そして肩車の様子が、その音《ね》によって想起されるということに由来すると思われます。

次に図14をご覧ください。この地図は昭和三十四年（一九五九）、言語学者の柴田武氏らが、新潟県の西端、糸魚川市とその周辺地域で行った方言調査を元に作られたものです。調査地点は全一七二カ所、隣接する長野県（五カ所）、富山県（一カ所）の一部も含みます。

図14の地図と同じ範囲で、『日本言語地図』（詳細図、一八〇頁）に記される〝肩車〟の方言は〈チゴブエ〉ただ一つです。ところが柴田氏の調査では五六種もの方言が採

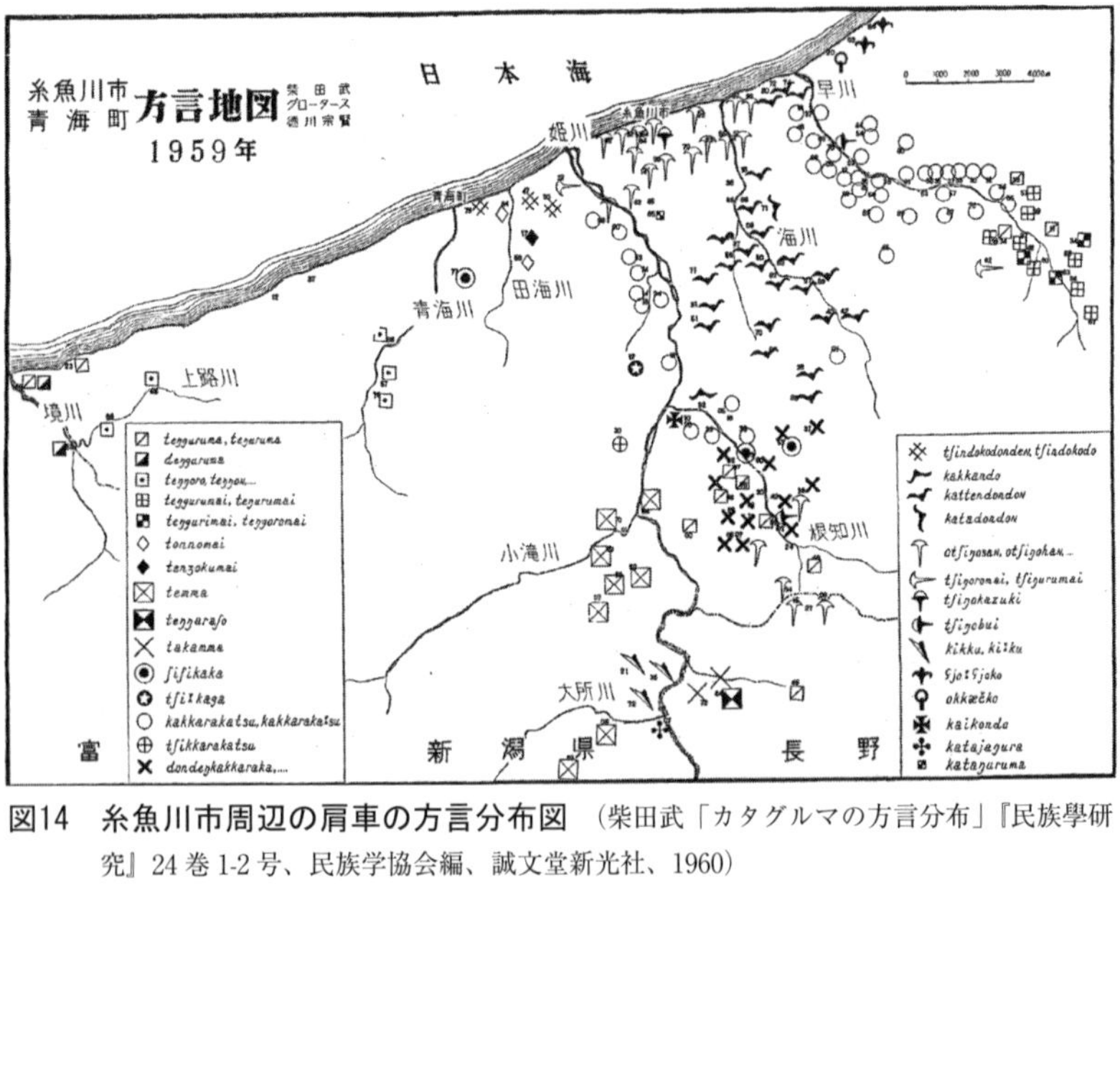

図14　糸魚川市周辺の肩車の方言分布図　（柴田武「カタグルマの方言分布」『民族學研究』24巻1-2号、民族学協会編、誠文堂新光社、1960）

取されているのです。具体的に方言の分布を見てみます。

たとえば〈チゴ〉名を冠した方言、〈オチゴサン（*otʃigosan*）〉〈オチゴハン（*otʃigohan*）〉は二つのまとまった分布地域を形成しています。一つは、糸魚川市の市街地域で「天津神社の春大祭」の稚児舞が反映していることは確かです。もう一つは、姫川の支流、根知《ねち》川の上流にある山寺地区で、ここには「根知山寺日吉神社の秋祭り」があり、稚児たちによる稚児舞も披露されます。そして、やはり稚児たちは肩車されて練り歩きます。当然、このことが方言に反映していると思われます。

又、この地図からは少し外れますが、北東部の海岸沿いに能生《のう》という町があり、ここでは「能生白山神社の春大祭」で稚児舞があります。この地域には、三つの稚児舞があり、いずれも稚児の肩車を伴っています（図15）。

図14を見ると、一見〈チゴ〉と関係なさそうな方言もあります。たとえば〈カッカラカーツ（*kakkarakatsu*）〉は「天津神社の春大祭」の際、太鼓の奏者が打つ「カラウス」に由来すると思われます。「カラウス」とは、太鼓の縁を撥《バチ》でビブラートを利かせて叩く奏法です（写真9）。筆者が天津神社を訪れた際、「カッカラカラー」と高く乾いた音が境内に響き渡りました。ああ、これが

図15　本文に記されている新潟県の主な地名

〈カッカラカーツ〉なのかと直感しました。この言葉は、稚児の〝肩車〟を想起させるに十分な力を持っています。その他、祭りの時の太鼓や笛の音を表わす〈カッテンドンドン〉〈ドンデンカッカラカ〉〈ヒョーヒョコ（笛の音）〉なども〝肩車〟に繋がります。

このように見てくると、この地域の〝肩車〟の方言は、稚児舞に由来しているものが多く、まさに地域固有の文化が方言に反映している例といえます。

写真9　太鼓の縁を叩くカラウス
（天津神社の春大祭、2015.4.10）

②〈ナンマイダブツ〉系について

a「南無阿弥陀仏」と石川県

〈ナンマイダブツ〉系の方言は、表2と詳細図（一八〇頁）で分かるように、石川県の中部から北部にかけて分布しています。〈ナンマイダブツ〉は当然「南無阿弥陀仏」のことです。「南無阿弥陀仏」とは「阿弥陀仏に帰依（服従し、すがること）する」という意味です。鎌倉時代に誕生した浄土系宗派（浄土宗、浄土真宗、時宗など）の念仏の重要なフレーズとなっています。

鎌倉時代以前の仏教は、教えが難解で、儀礼も繁雑であり、貴族や僧侶など一部の支配層にのみ相応しいものでした。新しい時代（鎌倉時代）を迎え、民衆の台頭とともに、それに応える新しい教え

表２　石川県の〈ナンマイダ〉系方言の一覧

都道府県	名　称	調査地点名
石　川	カンナンダブツ	七尾市石崎町
石　川	ナンマイダブツ	羽咋市川原町
石　川	ナンマイダ	羽咋郡押水町字免田（現羽咋郡宝達志水町免田）
石　川	ツンマイダ	〃　〃
石　川	ナンマイダブツ	河北郡宇ノ気町字宇野気（現かほく市宇野気）

（『日本言語地図』により作成）

が望まれました。
民衆は金も暇（時間）も教養もない、そういう中で、阿弥陀仏を信じ、ひたすら「南無阿弥陀仏」と念仏すれば、浄土に往生（救いが得られる）できるという教えは、広く庶民に受け入れられるものとなりまし

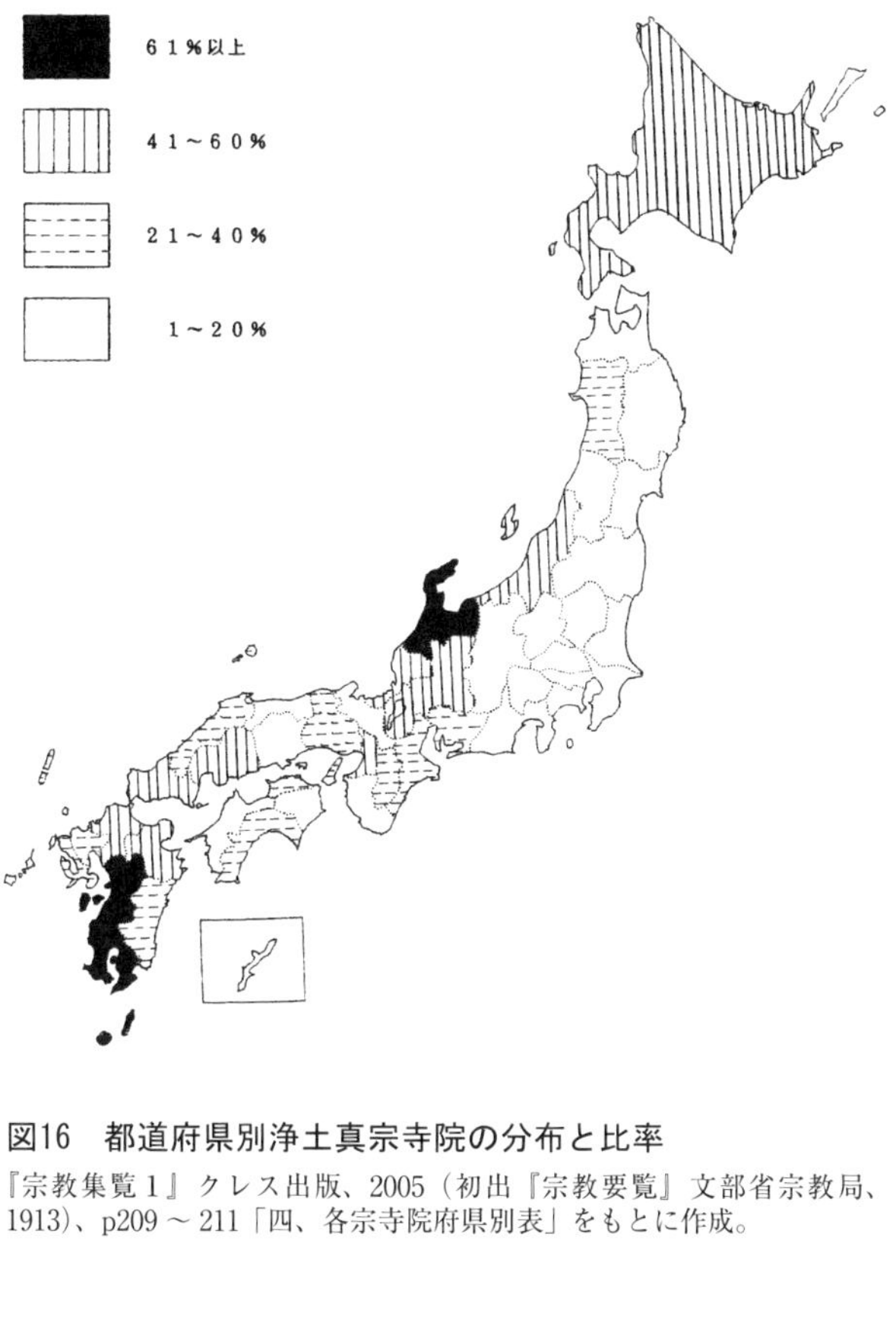

図16　都道府県別浄土真宗寺院の分布と比率
『宗教集覧１』クレス出版、2005（初出『宗教要覧』文部省宗教局、1913）、p209～211「四、各宗寺院府県別表」をもとに作成。

た。

石川県は浄土真宗（一向宗）の盛んな地域であり、別名「真宗王国」とも呼ばれています。大正二年（一九一三）の道府県別の仏教宗派別寺院数の比率では、石川県が七二％で、富山県の七九％に次いで全国二位であり、他道府県を大きく引き離しています(18)（図16）。

表2の〈ナンマイダブツ〉系方言の採取地点四カ所（七尾市、羽咋《はくい》市、押水町、宇ノ気《うのけ》町）を図17に落としてみると、浄土真宗がほぼ一〇〇％近い地域に当たることが分かります。このことからも〈ナンマイダブツ〉系方言と、浄土真宗との強い関係性が窺われます。

それでは、なぜ〈ナンマイダブツ〉が〝肩車〟なのでしょうか？　石川県の、ある方言辞典に〈ナンマンダ〉について、次のような記述がありました。（傍線は筆者）

ナンマンダ　南無阿弥陀仏　お念仏
ナンマンダーナンマンダ、ナンマンダーナンマンダ、アーアッ、モッタイナイ、ナンマンダーナンマンダ、ナンマンダーナンマンダ（南無阿弥陀仏南無阿弥陀仏南無阿弥陀仏南無阿弥陀仏、ああ、もったいない、南無阿弥陀仏南無阿弥陀仏）。特に仏前でなくても、このように口ずさむ老人が多い。(19)

念仏は元々仏教に由来しますが、石川県では仏教の範疇を超えて広く日常生活に浸透し、人々の願い、感謝、反省などが託され唱えられているのです。

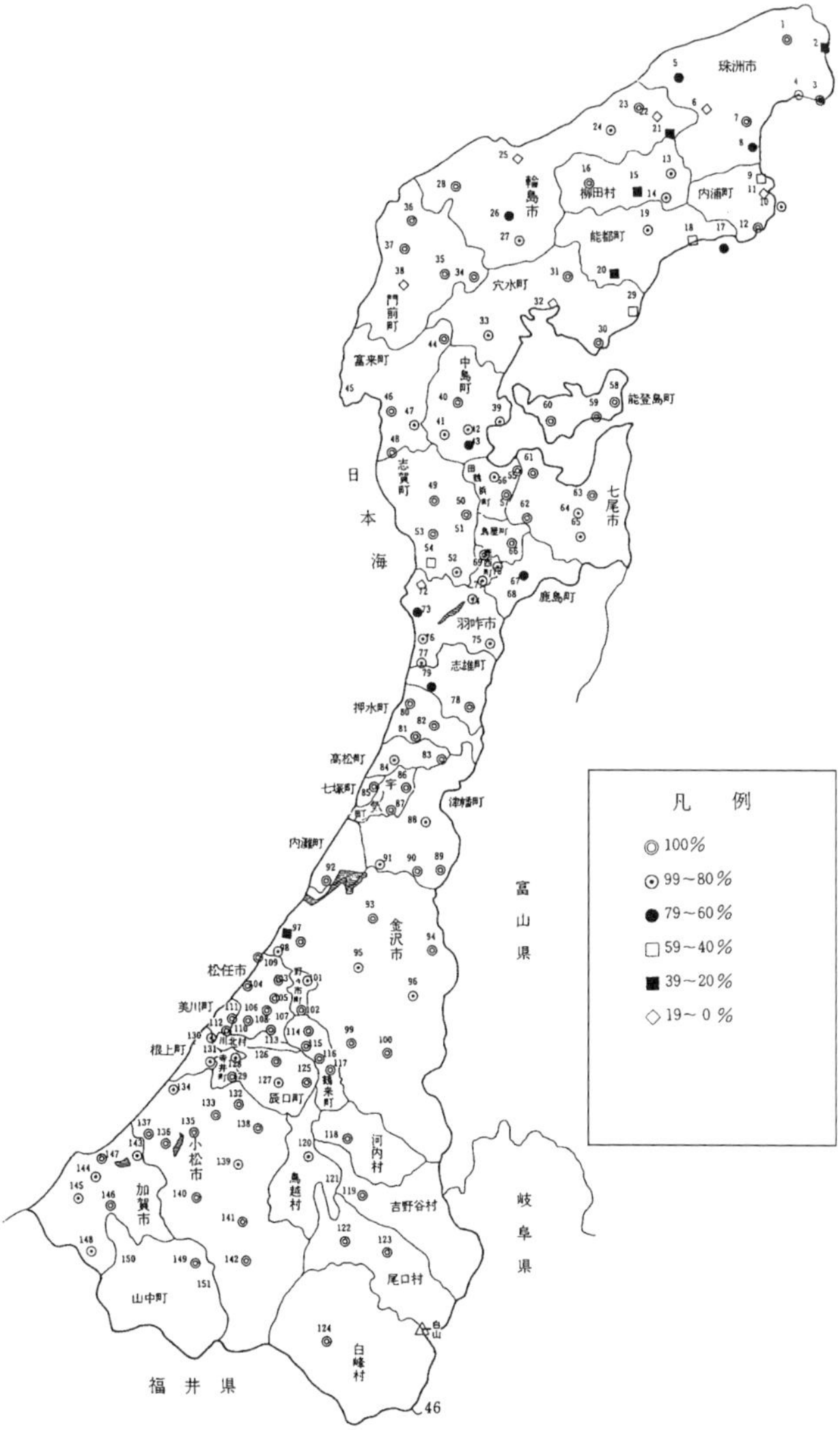

図17　石川県各地区の浄土真宗の密度

調査地区は151カ所。

（石川県教育委員会『石川県民俗分布図』2001、p46）

b 〝肩車〟は怖い

ところで〝肩車〟は、子供からすると「ワクワク、ドキドキ」の世界です。「ワクワク」は心躍り楽しい場面。「ドキドキ」は怖く恐ろしい場面。〝肩車〟には、この二つの面が同居しているのです。新潟県糸魚川市の東部、浦本という町では〝肩車〟のことを、〈オッケエコー〉と言います。〝恐ろしいこと〟という意味で、〝肩車〟の「ドキドキ」の面を表わしているのです。従って、〝肩車〟を始めようとする時、子供の恐怖心を和らげるため、〈ナンマイダブツ〉と唱えても不思議ではありません。仏の加護を願っているのかもしれません。このようにして、〈ナンマイダブツ〉と〝肩車〟が結びついたと筆者は考えています。

〈ナンマイダブツ〉は日常生活の様々な場面に入り込み、人々を支え、慰め、許し、励ましているのです。いかにも「真宗王国」にふさわしい方言といえると思います。

ただし、このような解釈は筆者の勝手であって、別の考え方があるのかもしれません。いずれにしても〈ナンマイダブツ〉は、石川県という地域の文化、宗教にしっかりと根を下ろした方言であることは確かなことです。

このように〈チゴ〉系と〈ナンマイダブツ〉系の方言は、分布の範囲は狭くとも地域の文化をよく反映した方言であることが理解できます。

Ⅳ　〈ジンジョコ〉の語源について

これから究明しようとする〈ジンジョコ〉は、その分布が限定されていること、地域的個性の強い方言であることから、前述の〈チゴ〉系や〈ナンマイダブツ〉系と同じ範疇に入る方言と考えられます。つまり、地域文化と強い繋がりを持ち、それを反映している方言である可能性が高いのです。

1　地蔵派と人形派

さて、そもそも肩車を意味する〈ジンジョコ〉、すなわち〈ジンジョウ〉という方言は何に由来するのか？　方言辞典などを調べますと、必ず二つの語源説が併記されています。

「地蔵説」と「人形説」です。

〝地蔵〟が語源だということは、説明するまでもなく〝地蔵（ジゾウ）〟が〈ジンジョウ〉に訛ったという考え方です。

それでは、〝人形〟がどうして〈ジンジョウ〉に？　これは少し説明を要します。

ニンギョウ　↓　リンギョウ　↓　ジンジョウ

と語形が変化したと思われます。まず語の前半の〈ニン〉から〈リン〉へ、そして〈ジン〉への転訛《てんか》は次表のとおりとなります（上表）。

語の後半部の〈ギョウ〉の〈ジョウ〉への転訛の説明は次表（下表）のとおりです。

〈ニン〉→〈リン〉→〈ジン〉の変化例

音節の変化	n i n → r i n ニン　　リン
子音の変化	n → r
ナ行音のラ行音への変化（具体例）	ヤナギ → ヤラギ na　　ra シャニムニ → サリムリ ni ni　　ri ri

⇩

音節の変化	r i n → dʒ i n リン　　ジン
子音の変化	r → dʒ
ラ行音のザ行音への変化（具体例）	リンゴ → ジンゴ ri　　dʒi リッパ → ジッパ ri　　dʒi

〈ギョウ〉→〈ジョウ〉の変化例

音節の変化	g j o → dʒ o ギョウ　　ジョウ
子音の変化	g → dʒ
ガ行音のザ行音への変化（具体例）	ギョウレツ → ジョウレツ gjo　　dʒo ノコギリ → ノコンジリ gi　　dʒi

結果として、〝ニンギョウ（人形）〟が〈ジンジョウ〉となるのです。

こじつけのように感じられるかもしれませんが、東北弁の性格では、大いにありうることです。

それではこのことを、言語（方言）や民俗の専門家はどのように考えているのでしょうか。当然ですが、「地蔵派」と「人形派」に分かれます。

まず、「地蔵派」から、（引用部分の傍線は筆者。以下同じ）

地蔵の転とも人像の意とも言われるが、昔は辻にまつった石作りの地蔵からの転用であろう。[20]

（前略）岩手県の一部において、オシラサン（おしらさまのこと＝筆者）が不動明王とかカノキヂンショ《ママ》（桑の木地蔵）とよばれるものもある。これは、おそらく、以前からオシラサンを祀っている旧家に、たまたま立ち寄った修験等がいて、これらの人々が、仏教に関する知識、梵字を書くことの出来る才能をいかして、アチャラという神札をおいたのであろう。それによって、不動信仰が新たに形成されたというわけではなく、オシラサンのもつ経験的信仰機能は、変化することなく、不動明王や地蔵尊の名称が書き加えられていったのではないだろうか。[21]（後略）

【音韻】原形は「じぞう　地蔵」だろうか。（略）

【比較】津軽地域で人形のことを「ジンジョ」と言うのは聞いたことがない。（略）

【語誌】（略）上北地方に限らず南部地方に広く遣われている語であることが判る。[22]（略）

一方、「人形派」の橘正一氏は次のように述べています。

人形を神仏視する考《（ママ）》は今でもあるが、この考へ方が名称に現れたものとして、沖縄県のフツキー（仏）と、盛岡付近のニョ〳〵とを挙げる事ができる。ニョ〳〵は、ノノと共に、普通、日月星辰、神仏、僧侶、燈明等、すべて尊いものを指す幼な言葉である。ニョ〳〵がニンギャウと接触するに及んで、ニンニョといふ折衷語が出来た。南部藩（秋田県鹿角郡、青森県三戸郡、上北郡、下北郡を含む）特有の方言であるジンジョは、このニンニョの訛であるらしい。(23)

又、橘氏以外の方の見解も二つ挙げておきます。

カノキジンジョウと呼ぶところもあります。（中略）ジンジョウは地蔵を意味するのだとし、カノキジンジョウを桑の木地蔵と解釈する人もいるようですが、岩手の風土の中で育った者からいえば、桑の木地蔵には同意しかねます。やはりジンジョウは人形のことだと思います。(24)

「かのぎじんじようは桑《（原文ママ）》」の木人形の義で、おしら神が桑の木でつくられるからの《（原文ママ）》ことです。
（中略）
じんじようが地蔵か人形かには、時々迷ふのですが、とにかくその人形を「地蔵《じじよ》」つ子といふ

のですから、人形としておきます。(25)（後略）

以上のように、二つの考え方があり、両派とも、本格的な議論というよりも、それぞれ印象を述べているという観が強いのですが、今後、研究が進むことを期待したいものです。

次に、このことについて、筆者なりの考えを述べておきます。

2　津軽の地蔵講と南部の人形おくり

図7（三〇頁）をご覧ください。青森県の南部地方（青森県東部・旧南部藩領）は〈ジンジョ〉系の〈ジンジョコ〉〈ジンジョマコ〉などが、同県の津軽地方（青森県西部・旧津軽藩領）は〈ニンニョ〉系の〈ニンニョコ〉〈ニンギョガメ〉などが卓越します。

ごく素直に、その発音から、語源を想定すると次のようになるかと思います。

●南部地方　―　ジンジョコ　↓　地蔵（じぞう）が語源か
●津軽地方　―　ニンニョコ　↓　人形（にんぎょう）が語源か

まず、南部地方の〈ジンジョコ〉すなわち〝地蔵〟の可能性を考えてみます。確かに下北郡の恐山を中心とする「地蔵信仰」は存在しますが、図18の地蔵講の分布を見て分かるように、ほぼ下北郡の三カ所と上北郡の北端の三カ所に限定されます。上北郡の大部分や三戸郡（八戸を含む）では、ほとんど見当たりません。

これに対して、津軽地方は「地蔵信仰」が盛んで、各所で地蔵講（一六カ所）が行われています。図18の調査は、全県一一六カ所の調査の結果ですが、仮に、悉皆《しっかい》調査（すべて、隈無く調べること）が行われたとすれば、津軽と南部の差はさらに大きくなったはずです。

又、津軽各地で祭られる地蔵の数も膨大なものになります。かつて津軽では、子供が亡くなった場合、その都度、地蔵を作る習わしがありました。

地蔵信仰の代表的な霊場として、北津軽郡金木町川倉（現五所川原市金木町）に「川倉賽《かわくらさい》の河原《かわら》地蔵尊」があります。その本堂裏の地蔵堂に入ると、階段状の床に津軽各地の町や村ごとに、地蔵が隙間なく並べられており、実に壮観で圧倒される思いです。又、外の「賽の河原」と呼ばれる境内の一画にも、たくさんの地蔵が祭られています（写真10、11）。

津軽では、「川倉賽の河原地蔵尊」の以外にも、地蔵を祭る霊場（賽の河原）が幾つか存在し、その他、普通の寺院、墓地、道路脇などにも地蔵が鎮座しています。

（前略）西津軽郡稲垣村《いながき》（現つがる市稲垣町）には、石地蔵があちこちに点在し、その数は全部合わせると千八百体におよぶという。稲垣村の人口は六千人に満たないというから、一人につき

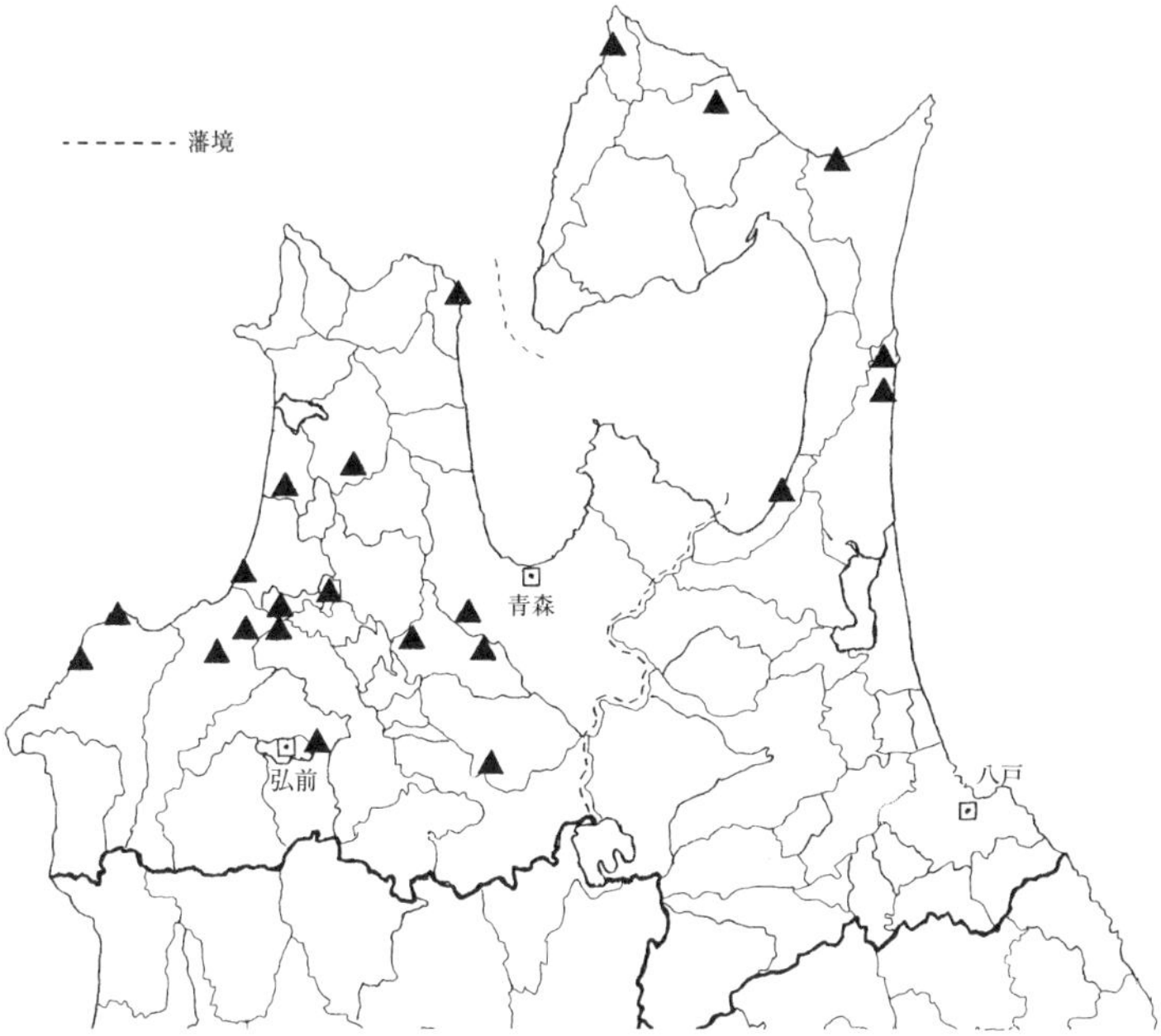

図18　青森県の地蔵講

（青森県教育委員会「29. 信仰的講集団」『青森県民俗地図』1976にもとづき作成）

写真11　川倉賽の河原地蔵尊の地蔵堂の中

（五所川原市金木町、2014）

写真10　川倉賽の河原地蔵尊の案内板

（五所川原市金木町、2014）

三体はあるというわけだ。（原文ママ。三人につき一体の間違いと思われる）

また、稲垣村に隣接する車力《しゃりき》村（現つがる市車力町）の深川《ふかがわ》地蔵尊には二百体以上もの地蔵を納めた地蔵堂がある。[26]（括弧内は筆者）

津軽地方はこのように地蔵を祭る風習が地域に根づいているのです。もし、肩車のことを地蔵起源の〈ジンジョコ〉と言うとすれば、南部ではなく津軽こそ相応しいのです。ところが津軽は〈ニンニョコ〉なのです。

次に津軽地方の〈ニンニョコ〉すなわち〝人形〟の可能性を考えてみます。ただ、人形といっても幅広く、多種多様であり、何の人形を意味するのか慎重でなければなりません。たとえば、この地域の年中行事として古くから行われていた「人形おくり（疫病おくり、虫おくりなど）」（Ⅶ章一二七頁以降に詳述）の人形として見てみます。

確かに津軽地方にも「人形おくり」はあるのですが、南部地方に比べると、かなり少なくなります（図29、一三六頁）。青森県の南部地方は全国的に見ても「人形おくり」の盛んな地域と見なされています。従って、肩車のことを〈ニンニョコ〉と言うのであれば、津軽ではなく南部こそ相応しいのです。つまり、

●南部地方　↓　ニンニョコ

●津軽地方 → ジンジョコ

となるのが自然だと思います。しかし、実際は逆で、〝人形〟の多い南部地方が〈ジンジョコ〉で、〝地蔵〟の多い津軽地方が〈ニンニョコ〉なのです。

なぜ、このように逆になってしまったのか。これまで南部・津軽の〝肩車〟方言の語源を別々に考えてきました。すなわち〈ジンジョコ〉は〝地蔵〟、〈ニンニョコ〉は〝人形〟という風に。

しかし、これでは解決にならず、別のアプローチが必要です。

3 津軽も南部も語源は一つ

図7（三〇頁）を見ると、南部の〈ジンジョコ〉と津軽の〈ニンニョコ〉は、まさに隣り合っており、語源を別々に考えるのではなく、一つと考えてみてはどうか？

まず共通の語源を〝地蔵〟と仮定した場合、南部の〈ジンジョコ〉は成立しますが、津軽の〈ニンニョコ〉は説明できません。

表3 青森県における〝人形〟の方言分布

	地域名／方言	津						軽	南			部
		東津軽郡	西津軽郡	中津軽郡	南津軽郡	北津軽郡	青森市	弘前市	上北郡	下北郡	三戸郡	八戸市
1	ニニョ（コ）	○			○	○						
2	ニンニョー				○	○						
3	ニンニョ	○				○						
4	ニンギョコ		○		○	○	○			○		○
5	ネネコ		○	○	○	○		○				
6	オボコ					○	○			○		
7	オダマコ										○	○
8	ヅジョコ（ジジョコ）								○		○	
9	ジンジョコ（ジンジョー）								○	○		○

（菅沼貴一『青森県方言集』図書刊行会、1975、p173。初版 1935）

津軽では〝地蔵〟のことを〈ニンニョコ〉とは言いません。津軽に限らず、日本のどこでも〝地蔵〟を〈ニンニョコ〉（人形）と表現する所はありません。つまり〝地蔵〟語源説は成立しないのです。次に語源を〝人形〟と仮定してみます。南部の〈ジンジョコ〉は、本章1節（六三—六四頁）で指摘したとおり成立します。津軽の〈ニンニョコ〉も説明するまでもなく成り立ちます。

つまり、語源が〝人形〟だと、矛盾なく説明できるのです。表3をご覧ください。これは、大まかなものですが、昭和一〇年代の青森県各地の〝人形〟についての方言分布一覧表です。南部では〈ジンジョコ〉が、津軽では〈ニンニョコ〉が卓越しており、図7（三〇頁）の分布とほぼ重なります。このことから本州北縁の〝肩車〟方言は〝人形〟に由来する可能性が極めて高いのです。

4　地域の人々の声から

もう一つ、〝人形〟が語源だと考える理由は、筆者が行った北東北各地での聴き取り調査結果の知見からです。その中から三例、挙げてみます。

①　岩手県二戸郡一戸町小繋《こつなぎ》の例

昔の村の祭りについて、古老二人に伺う。

〈ジンジョウ〉とは〝地蔵〟のことではありませんか?と伺ったところ、強く否定された。古老の一人は指で「人像？」となぞり、〝地蔵〟とは別のものだと主張された。

ちなみに、小繋地区には、この地域で有名な「小繋山長楽寺《ちょうらくじ》地蔵尊」(27)が鎮座し、古老も崇敬の念が強い。しかし〈ジンジョウ〉は〝地蔵〟ではないとキッパリとおっしゃるのです。地元の他の人に聞くと〈ジンジョウ〉は〝人形〟のことだということでした。


（二〇〇九年十一月調査）

② 秋田県大館市山田の例

年末に行われる「じんじょ祭」を取材。

直会《なおらい》（祭りの後の慰労の宴）の時、筆者が〈ジンジョウ〉を話題に出したところ、近くの席のご婦人から「お寺の〈ジンジョ（サマ）〉のことですか。お宮の〈ジンジョ〉のことですか？」と問われました。お寺の〈ジンジョ〉とは〝地蔵〟のこと。お宮の〈ジンジョ〉（山田の上名《かみな》地区では、じんじょ祭の後、八幡神社の参道入口に人形を設置する）とは〝人形〟のことです。

つまり、ご婦人は、発音が同じであっても「地蔵〈ジンジョ〉」と「人形〈ジンジョ〉」を明確に区別していたのです。従って「じんじょ祭」の〈ジンジョ〉は〝人形〟だということです。


（二〇〇九年十二月調査）

③ 岩手県久慈市枝成沢《えだなりさわ》の例

初夏の「虫まつり」を取材。祭りには人形が繰り出す。

祭りの準備会場で、年配のご婦人に、〈ジンジョウ〉とは〝地蔵〟のことですか？と尋ねたところ、ご婦人は首を横に振り「この辺りでは、地蔵様をほとんど見ることがありません」と言い、〝地蔵〟との関わりを暗に否定されました。

このご婦人の言葉で、思い当たることがありました。筆者は、久慈からそう遠くない青森県八戸市の市川というところ、同じ旧南部領の地域の出身です。確かに自身の記憶をたどっても、故郷で〝地蔵〟を見た憶えはないのです。お寺（菩提寺）にもなかったと思います。筆者が定年退職の年に、天台寺で〝地蔵〟を見て、ハッと驚いたというのは、もしかしたら、それまで実際に〝地蔵〟を見ていなかったということが背景にあったのかもしれません。

（二〇一〇年六月調査）

ここでも「地蔵説」は否定されました。以上のことから筆者は「人形説」に軍配を挙げたいのです。

5　津軽の〈ニンニョコ〉について

前述のとおり、南部の〈ジンジョコ〉と津軽の〈ニンニョコ〉は〝兄弟〟であることが分かりました。

図7（三〇頁）で、その分布を確かめてみます。〈ニンニョ〉系方言は五地点あり、表4のとおりです。図7を見ると、津軽では〈ニンニョ〉系方言以外は、空白部が多いと感じますが、これは何も

表4　青森県の〈ニンニョ〉系方言の一覧

都道府県	名　称	調　査　地　点　名	その他
青　森	ニンギョガメ	東津軽郡平《たいらだて》舘村大字根岸字湯の沢（現外ヶ浜町《そとがはままち》平舘根岸）	
青　森	ニンニョコ	東津軽郡平内町《ひらないまち》大字東田沢字田沢	
青　森	ニンニョコ	西津軽郡木造町《きづくりまち》大字出来島《できしま》字雉森《きじもり》（現つがる市木造出来島）	
青　森	ニンニョコ	東津軽郡野内《のない》村大字久栗坂《くぐりざか》（現青森市久栗坂）	
青　森	オサカニンギョコ	青森市大字雲谷《もや》字山吹	OSAKANINGYOKO

（『日本言語地図』により作成）

ないということではなく、図12（四四頁）で分かるように〈クビ〉系方言がそれを埋めています。〈クビ〉系に押されながら〈ニンニョ〉系が何とか踏んばっているという感じです。かつてはこの方言がもっと広く分布していた可能性があります。

〈ニンニョコ〉の成立については、前述の橘正一氏の見解（六六頁）にもあるとおり、津軽だけでなく、南部でもかつては使用されていた形跡があります。

〈ニンニョコ〉〈ニンギョコ〉が生まれたのはいつか？　橘氏の見解では〈ジンジョコ〉成立以前とされています。〈ニンギョコ〉の元であろう〈ニンギョウ〉の成立は室町時代中期と言われています。従って〈ニンニョコ〉〈ニンギョコ〉は、江戸時代にはすでに成立していたのです。

さて、〈ニンニョ〉系の方言として〈ニンギョガメ〉と〈オサカニンギョコ〉があります。それぞれの語源を考察してみます。

①　〈ニンギョガメ〉は「亀」ではない

まず〈ニンギョガメ〉の〈ガメ〉から。津軽では〝頭（あたま）〟

のことを〈コンベ〉といいます。〝頭〟は首や肩に繋がり、肩車の時も子供がしがみつくなど、大切な役割を果たします。従って〝頭〟を冠した〝肩車〟方言があっても何ら不思議ではありません。

実際、『日本言語地図』収録の〝肩車〟方言としては、〈アタマンコ〉（愛媛県伊予三島市三島町上町・現四国中央市三島）、〈カネル（本来は、頭にかぶせるの意味）〉（山口県大島郡東和町伊保田・現大島郡周防大島町伊保田）などがあります（詳細図一八〇頁）。そして〈ガメ〉は〈コンベ〉が転訛したものと考えられます。

コンベ　↓　ガムベ　↓　ガメ

と。従って〈ニンギョガメ〉とは「〈ニンギョ〉を肩や頭に乗せた様子」すなわち〝肩車〟を意味することになるのです。

②「大阪」は「小坂」なり

さて、〈オサカニンギョコ〉の〈オサカ〉とは何でしょうか？

筆者は当初、「大阪〈オオサカ〉」の可能性を考えていました。津軽、特に日本海沿岸部は、江戸・明治時代に北前船《きたまえぶね》が寄港し、上方文化が流入しました。大阪の人形といいますと、人形浄瑠璃のことかな？と。

しかし、〈オサカニンギョコ〉の分布する青森市雲谷《もや》山吹は、海から遠い山間の小集落です。沿岸部の集落ならいざ知らず、その可能性は薄いと言わざるを得ません。〈オサカ〉とは何か？　いろいろ考えを巡らしましたが分かりませんでした。

ところがある時、大阪よりはるかに近い場所に、これを解く「鍵」があることに気がついたのです。それは、秋田県北部の鹿角郡小坂《こさか》町のことです。

小坂町では、明治の初め頃から「小坂〈コサカ〉人形」と呼ばれる土人形が作られていました。岩手の花巻人形の系統を引き、当初は鉱山や林業に従事する人々に御守りや縁起物として親しまれ、後には一般にも広がっていきました。秋田北部はもちろんですが、隣の津軽にも伝わったものと考えられます。

しかし、〈コサカ〉と〈オサカ〉は違うんじゃないか？

いえいえ、例えば「小山さん」という苗字の方がいたとします。さて「コヤマさん」でしょうか。それとも「オヤマさん」でしょうか？　K|OYAMAとO|YAMA。日本語では、語頭のK（子音）は省いてしまう傾向があります。従って「コサカ（KOSAKA）」は「オサカ（OSAKA）」にもなりうるのです。

〈オサカニンギョコ〉は「小坂人形」〈コサカニンギョウ〉だったのです。青森市雲谷山吹の人たちは、津軽の他地域で話されている〈ニンニョ〉系方言を、日頃、親しんでいる「小坂人形」になぞらえて理解しようとしたのではないでしょうか。

V　〈ジンジョコ〉〝人形〟の正体は？

――個別・具体か　抽象・一般か――

前章で〈ジンジョコ〉とは、〝地蔵〟でなく〝人形〟であるとしました。

さてそれでは、その〝人形〟とは何なのか、その実態については二つの考え方があると思います。一つは個別・具体的な人形とする考え方。たとえば雛人形とか武者人形とか操《あやつ》り人形だとか。もう一つは人形一般、すなわち抽象・一般化された人形だとする考え方。はたして、これから考察しようとする北東北の〈ジンジョコ〉は、どちらに属するのか？

ここでは、ひとまず〈ジンジョコ〉は脇に置き、他の地域で〝肩車〟のことを〝人形〟になぞらえる例があるのか調べてみます。もしあるとすれば、どちらに属するのか。つまり個別・具体的な方か、抽象・一般的な方かを検証する必要があります。

そもそも〝肩車〟のことを〝人形〟になぞらえる例が、他の地域にあるのでしょうか？　全国の方言集などを探してみたのですが、なかなか見つかりませんでした。しかし、暫くして、ようやく、それらしきものを見つけることができました。

1　〈サルマニンギョ〉の発見

新潟県に関わる、ある方言集(28)を見ていた時、偶然、〈サルマニンギョ〉という〝肩車〟を意味する方言を発見しました。

分布するのは、ただ一カ所。旧西蒲原《かんばら》郡巻《まき》町越前浜《えちぜん》（現新潟市西蒲《にしかん》区越前浜）です。〈サルマニンギョ〉は地元では自慢の方言らしく、越前浜と角田《かくだ》浜（越前浜の南隣）の方言を対比している『越後七浦方言番付』では、なんと横綱にランクされていました(29)（図19、図15〔五七頁〕）。

さて、それでは〈サルマニンギョ〉とは何か？　語の前半の〈サルマ〉はサルマワシ（猿回し）に由来すると考えられます。猿回しがなぜ〝肩車〟なのか？　図20をご覧ください。猿が演技の途中な

越後七浦方言番付

蒙御免

地位	東方（越前浜）		地位	西方（角田浜）	
横綱	サルマニンギョ	肩車	横綱	チョンマガリ	肩車
大関	オヒトツ	お手玉	大関	タンタン	お手玉
関脇	ハシゴチャ	片脚跳	関脇	アサガキ	片脚跳
小結	ザラ	おはじき	小結	ジャラ	おはじき
前頭	ズババ	蝸牛	前頭	デンデンムシ	蝸牛
前頭	カナヘボコ	蜥蜴	前頭	カナベッコ	蜥蜴
前頭	カラマメ	落花生	前頭	ラッカセ	落花生
前頭	コクレングヮシ	玉蜀黍	前頭	コクデ	玉蜀黍
前頭	タカボコ	足駄	前頭	ハシダ	足駄
前頭	チョチョブレ	釣瓶	前頭	ツブレ	釣瓶
前頭	アメズッコ	禿頭	前頭	アメタカ	禿頭
前頭	アカッコ	赤ん坊	前頭	ボボ	赤ん坊

行司	チャーチャ	父
検査役	ナラ　ネラ	汝等
勧進元	オラウチ　オラエー	我家

図19　越後七浦方言番付

（柄澤衛『ことばの小径をゆく』雑草出版、2014、p14）

図20　猿舞（さるまわし）の絵

（中村惕斎『頭書増補訓蒙図彙大成 21巻』）

のでしょうか、猿使いの肩にちょこんと乗って、子供たちに愛嬌を振りまいています。このポーズから、〝肩車〟の呼称が生まれたようです。詳細図（一八〇頁）を見ると、全国にポッポッと〈サルボンボ〉〈サルコノリ〉〈サルキッキ〉など、〈サル〉（猿）を冠した方言が分布します。その多くは猿回しに由来すると思われます。特に北陸地方の福井、石川、富山、そして新潟西部が目立ちます。越前浜の例も、その流れの一つと考えられます。

それでは、肝心の語の後半の〈ニンギョ〉とは何か。個別・具体的な人形のことなのか、抽象・一般的な人形のことなのか。方言辞典を調べても何も書いていません。さて、困った。ほとんど解明を諦めてかけていた折、たまたま、ある富山の民俗関係の著書を手にする機会がありました。そしてその中に、次のような記述がありました。（傍線は筆者）

富山市の中心街や同市呉羽《くれは》町地方、射水《いみず》郡（ルビ筆者）小杉町には、猿まわしと共に操り人形師《あやつりにんぎょう》も来て、いっしょに芸を演じたこともある。(30)

これだ！と思いました。

猿回しと操り人形が、同じ地域で、ほぼ同時期に演じられていたのです。富山と新潟は、お隣り同士。富山で行われていたことが、新潟にあったとしても不思議ではありません。富山と同じような芸能集団が、新潟でも活動していた可能性があります。

説明するまでもなく、ここでいう〈ニンギョ〉とは、操り人形のことであり、決して抽象・一般的な人形ではなく、個別・具体的な人形のことだったのです。後日、地元の方言に詳しい新潟の柄澤衛先生にこの件をお伺いしたところ、筆者の考えにほぼ同意いただきました。まさに意を強くした次第です。

ただ、〈サルマニンギョ〉の一例だけでは心許ないので、もう少し、人形に関わる方言を探してみました。

2　もう一つの〈ジンジョコ〉

図7（三〇頁）を見ると、秋田、山形の沿岸部に、県境を挟んで〈ジンジョ〉系の方言が分布します。秋田の由利地方に一つ、山形の庄内地方に二つです。詳しくは表5をご覧ください。

これはいわゆる北東北の〈ジンジョコ〉と同じなのか？

この分布地域では〈コヤスミジンゾ〉の存在が印象的です。ヒントはここにありそうです。〈コヤスミジンゾ〉とは何か。これは「子安地蔵（こやすじぞう）」に由来することは間違いないでしょう。

表5　秋田・山形両県の〈ジンジョ〉系方言の一覧

都道府県	名　称	調査地点名
秋　田	コヤスミジンゾ	由利郡象潟《きさかた》町塩越（現にかほ市象潟町）
山　形	ジンジョコ	飽海《あくみ》郡遊佐《ゆざ》町大字豊岡字大内
山　形	コヤスミジンゾ	鶴岡市大字三瀬《さんぜ》

（『日本言語地図』より作成）

図21 秋田県の地蔵講

（秋田県教育委員会『秋田県民俗分布図（秋田県文化財調査報告書第66集）』1979 をもとに作成）

図22 山形県の地蔵尊に関わる祭り・行事

（山形県教育委員会『山形県の祭り・行事―山形県祭り・行事調査報告書―』2003 をもとに作成）

写真12 子安地蔵

（五所川原市長円寺、2014）

子安地蔵は子授け、安産、子育てなど、子供の養育に関与し、子供を見守る地蔵様です。存命中の子供はもちろん、不幸にも亡くなった子供たちの行く末にも手を差し伸べ、救済すると言われています。そのため、人々、特に母親たちから絶大な信心を得ました。

子安地蔵のお姿は写真12のように、子供を胸に抱いたり、肩や胴、足元などに子供をまとわりつかせ、遊ばせている様子を刻んだものが多いのです。このことが〝肩車〟への連想に繋がったものと思われます。

図21を見ると、秋田県の地蔵講は一一件中四件（三六％）が由利地方に分布し、図22では、山形県の地蔵信仰に関わる祭り・行事の三五件中一七件（四九％）が庄内地方に集中していることが分かります。両地域ともに、地蔵信仰（子安地蔵を含む）の盛んな地域なのです。青森、岩手の〈ジンジョコ〉は〝人形〟ですが、山形、秋田のそれは〝地蔵〟だったのです。

由利地方と庄内地方は明治以前より互いに交流が盛んで、文化面でも共通する部分が多いと言われてきました。「地蔵信仰」そして「方言」にもそのことが表れているのです。

尚、〈コヤスミズンゾ〉すなわち〝子安地蔵〟は、個別・具体的な地蔵だとも言え、このことは個別・具体的な人形という概念に繋がります。

3　〈デク〉と木偶

もう一つ例を挙げてみましょう。新潟県や富山県に〈デクボンボ〉（ダイコクボンボも同類）とい

表6　新潟・富山両県の〈デク〉系方言の一覧

都道府県	名称	調査地点名
新潟	デクボンボ	古志郡山古志村大字種苧原（現長岡市山古志種苧原）
富山	ダイコクボンボ	西砺波《にしとなみ》郡戸出町戸出（現高岡市戸出町）
富山	デクボンボ	中新川《なかにいかわ》郡上市町伊折
富山	デクボンボ	婦負《ねい》郡八尾町庵谷（現富山市八尾町庵谷）

（『日本言語地図』により作成）

う方言があります（表6、詳細図〔一八〇頁〕）。語の前半の〈デク〉は漢字で表すと「木偶」となります。広辞苑には、「①木ぼりの人形。②操り人形。③物の役に立たない人、でくのぼう」とあります。

このことから、〈デク〉は木ぼりの人形から始まり、次第に操り人形など人形一般を表す言葉となり、さらに役に立たない人間の比喩にまで使われるようになったのです。語の後半の〈ボンボ〉は〝おんぶ〟の幼児語と思われます。尚、〈ダイコクボンボ〉については後述します。

さて、新潟、富山の〈デク～〉は何なのか？　〝木ぼりの人形〟なのか、〝操り人形〟なのか。それとも別の種類の〝人形〟なのか。さらに「人形一般」という可能性も否定できません。それぞれ検証してみたいと思います。

①　新潟県について

山古志村《やまこし》の「サイノカミ」

新潟県は古志郡山古志村種苧原《たねすはら》（現長岡市山古志）に〈デクボンボ〉が一カ所あります。

山古志村は県の中央部、魚沼丘陵上に位置し、背後には越後山脈を控える県内でも有数の豪雪地帯です。そのため昔は冬期、外部との交通が途絶したりしました。そのような環境の中にあるがゆえに村独自の生活や文化が保持されてきたともいえます。今では闘牛と錦《にしき》鯉《ごい》の里として有名です（図15、五七頁）。

さて、その山古志に〈デクボンボ〉と関係し、人形を伴う行事などがあるのでしょうか？

一月に「サイノカミ」が、三月には「雛祭り」があります。

まず三月の「雛祭り」から見てみましょう。現在、山古志の「ひな祭り」では当然「お雛さま（人形）」を飾りますが、山古志独自のものとして素朴な、紙で作った人形も添えられるとのことです。おそらく、紙で作った人形は旧来からのもので、「お雛さま」は比較的最近、外部から入ってきたものと思われます。紙の人形は小さく、祭り終了後はすぐ燃やされるとのことで、〝肩車〟との結びつきはなさそうです。一方「お雛さま」は、その導入の歴史が浅いこと、又、その姿・形状や大きさ、扱い方などから〝肩車〟のイメージには結びつき難いと思います。尚、「お雛さま」と〝肩車〟の関係はⅥ章で詳述します。

一月の「サイノカミ」はどうでしょう。〈サイノカミ〉(31)とは、小正月（一月十四・十五日）行事で、正月の神送りと正月飾りの処理を兼ねた火祭りで、他の地域では〈トンド〉とか〈サギチョウ〉(32)と呼ばれるものです。

山古志では、門松や藁《わら》を積み重ね小屋状にしたものの中に、〈ジサ〉（爺さん）と〈バサ〉（婆さん）と呼ばれる藁人形（高さ約四〇センチメートル）を入れ、共に燃やします。昭和六十年頃から一月には従来どおり各集落でそれぞれ「さいの神」を実施し、三月上旬に山古志全体すなわち集落合同の「古志の火まつり」という大規模なイベントが行われています。そこでは日本一と称する巨大な「サイノカミ」の塔が作られ、その中に男女一対の藁人形（高さ一・五メートル）が祭られ、やはり共に焼かれます。現在、山古志村の小正月行事「サイノカミ」の人形といった場合は、この藁人形を意味します（写真13、14）。

ただ、古い記録（いつ頃かは定かでない）によると、少し様子が違っています。（傍線とルビは筆者）

> 十五日の午前中、塞の神《サイノカミ》の小屋をつくる。（略）中に松の木で作った神様（陰陽を合わせた形）を入れ、（略）。（種苧原）

写真13　山古志のサイノカミの塔
（神野善治『人形道祖神 境界神の原像』白水社、1996、p417）

写真14　山古志のサイノカミの藁人形
（神野善治『人形道祖神 境界神の原像』白水社、1996、p417）

油夫《ゆぶ》では（略）

昔は各家で、コウクリの木でつくった「男もうけ」、「子もうけ」という人形を、男の子の数だけつくり（略）ワラの中に入れた。(33)

とあります。昔は「木の人形」だったのです。しかも油夫地区の例で分かるように、「木の人形」は各家庭で、複数作られた可能性があります。そしてその人形を冬空の下、一面の雪原の中を子供たちが祭場に運んで行き、そして燃やす。そのような光景が展開していたはずです。「木の人形」「子供」「運ぶ」のキーワードから〈デクボンボ〉は、この〝木の人形〟に由来すると考えられます。もちろん近年の「藁人形」の可能性も否定できません。

尚、新潟は小正月の「サイノカミ」行事が盛んなところで、多くの場合、人形（藁又は木製）を伴います。ただ、新潟で人形のことを〈デク〉と呼ぶところは少なく、山古志はその少ない箇所の一つになるのです。

② 富山県について

富山県は〈デクボンボ〉二カ所、〈ダイコクボンボ〉一カ所です（表6）。

富山の〈デク……〉は、新潟と同じように、小正月の火祭り行事（新潟ではサイノカミ、富山ではサギチョウと呼ぶところが多い）が関係するのでしょうか？

す。富山は新潟に劣らずサギチョウの盛んなところですが、人形（藁又は木製）を伴う例はごくまれです。黒部川下流の入善町《にゅうぜん》付近と、高岡市北部付近の二～三カ所のみです。そして〈デクボンボ〉〈ダイコクボンボ〉の分布とは重なりません。どうも、サギチョウとは関係なさそうです。

他に、可能性のある祭り、行事などはあるのでしょうか。二つ挙げることができると思います。一つは山車《だし》（曳き山）の人形、もう一つは土人形《つちにんぎょう》です。

a　山車祭りとの関係

山車祭りから見てみましょう。富山の山車祭りは県西部を中心に、ほぼ全県に分布し、現在すでに休止、廃止されているものを含めると二三カ所にも及びます（図23）。

そしてその代表格が高岡市の『御車山祭』（みくるまやままつり）です。長い歴史と古い様式を伝え、山車の精緻で華麗な装飾が有名です。その歴史は江戸の初期まで溯り、加賀藩二代目藩主、前田利長公の声掛けで始まったとされています。県内の他の山車祭りのほとんどは、高岡の御車山祭の影響を受けています。

山車の姿は図24のとおりですが、ごく簡単に言いますと、「車」の上に「台」が乗り、そこから「心柱」がそびえているという構造です。この心柱は神が地上に降りてくる時の目標となる「依代《よりしろ》」となります。心柱がはっきりと外から見える形で示されている山車は全国でも、高岡を代表とする富山の山車以外は数少ないと言われています。つまり全国の山車の原形がここにあるのです（写真15）。

図23　富山県の山車祭り（曳山）の分布　（富山県教育委員会『富山県の曳山』1976）

写真15　高岡市通町の御車山

御車山とは山車・曳山のことである。
（高岡市教育委員会『高岡御車山』2000、p25）

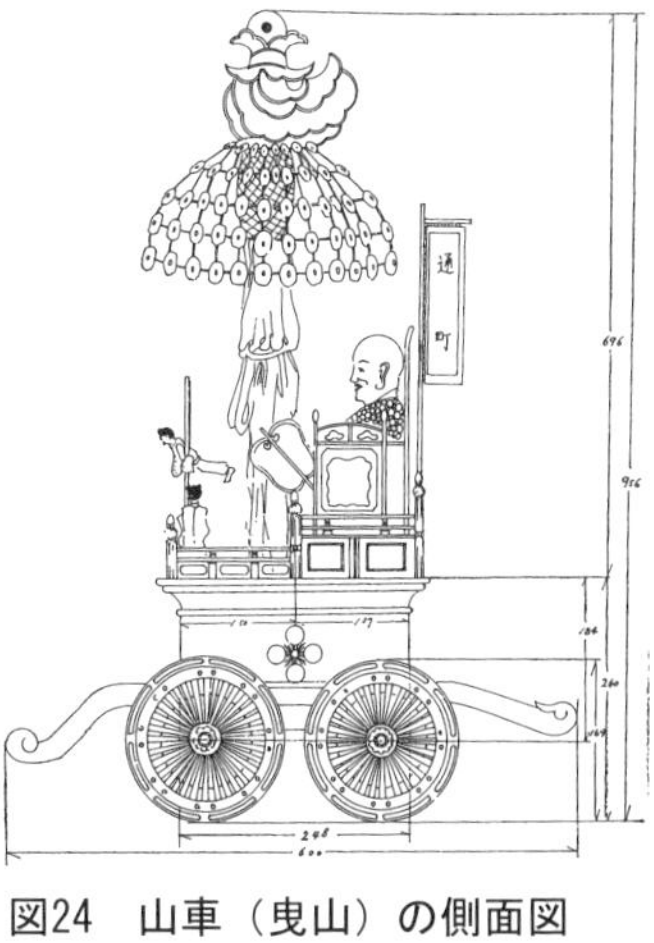

図24　山車（曳山）の側面図

（山崎久松『曳山人形戯　現状と研究』東洋出版、1976、p508）

さて、問題の人形ですが、山車の台の中央奥に等身大の大きな人形が設置されます。これを「本座」といい、人形は神の形代《かたしろ》とみなされ、高岡市通町の場合は「布袋和尚（ほていおしょう）」となります。人形は山車を運行する地区によって異なり、「恵比須（えびす）」、「大黒天（だいこくてん）」、「猩々（しょうじょう）」など様々です。又、「本座」に対して「相座」の人形もあります。多くの場合、台すなわち山車の前面に、カラクリ仕様の唐子人形や猿人形が設けられ、その軽やかな動きで人々を楽しませます。そして多くの盛装した男の子たちが人形と同じ台上に乗り込みます。

写真16　戸出町の大黒天
（富山県教育委員会『富山県の曳山』1976）

図23でご覧のとおり、山車祭りと〈デクボンボ〉〈ダイコクボンボ〉の分布はほぼ重なります。〈ダイコクボンボ〉の分布する、礪波《となみ》郡戸出《といで》町はまさに山車祭りの行われているところです。他に〈デクボンボ〉の分布する上市《かみいち》町伊折《いおり》と八尾《やつお》町庵谷《いおりだに》は、それぞれの町の近郊に位置し、十分に町の中心で行われれる祭りを見学できる距離にあります。又、富山県では人形のことを〈デク〉又は〈デクサン〉と呼ぶことが多いようです。山車祭りの人形も〈デク〉名で呼ばれていました。具体例を三つほどあげておきます。尚、富山では山車のことを曳山《ひきやま》と呼びます。（傍線とルビは筆者）

石動町《いするぎ》の曳山
今町のものには曳山花山にデク人形操りがあった

城端《じょうはな》の曳山
（略）人形はデクといい、山の神様であるから非常に神聖視している。夜の宿の主人はデクのそばに寝る。

伏木《ふしき》の曳山
曳山の中で、でくともあやつり人形ともいうものがある[34]

ここで戸出町の〈ダイコクボンボ〉について見てみます。〈ダイコク〉は七福神の一つ「大黒天（だいこくてん）」に、直接由来するという考えがあります。

又、〈デク〉（木偶）→〈ダイク〉（大工）→〈ダイコク〉（大黒）のように、人々の〈デク〉という言葉に対する解釈のゆらぎや遊びから生じたとする考え方もあります。いずれ、どこかに「大黒天」の存在がなければ成立が難しい言葉です。そしてまさに戸出町（東町地区）の山車に、大黒天が鎮座するのです（写真16）。戸出町の〈ダイコクボンボ〉は、山車の大黒天の人形に直接に結びつくと考えられます。

b 土人形との関係

富山の土人形は、幕末に名古屋方面から伝えられたと言われています。その後、発展し、明治、大正期に最盛期を迎えます。富山はもちろん、近隣の新潟、石川、岐阜などにも販路を広げ、富山の人形行商人が各所を往来していました。天神様を形取った人形が有名で、他にも色々な人形が扱われました。土人形は焼き物であるため、小さいものが多かったようですが、中には二尺、三尺（六〇〜九〇センチメートル）のものもあり、正月に床の間に飾られていたこともあったようです。これだけの大きさになると実際、子供たちが抱いたり、背負ったりすることも、ある意味可能であり、又、この人形を扱う様子から〝肩車〟を連想することもできたと思われます。

ただ、土人形の歴史は新しく、又、盛期の期間も短く、〈デクボンボ〉成立に直接、関与できたかは疑問です。しかし、歴史の古い山車祭りに関わって成立したと思われる方言の存続に、寄与した可能性はあります。この土人形も現在は激減し、昔の面影はありません。

富山の〝肩車〟方言である、〈デクボンボ〉〈ダイコクボンボ〉は山車祭りの人形が、そして土人形が育んだものと考えられます。

4 まとめ

これまで新潟の〈サルマニンギョ〉、秋田、山形の〈コヤスミズンゾ〉、新潟、富山の〈デクボンボ〉

などを検証してきました。その結果、これらの方言の意味は抽象・一般的なものではなく、個別・具体的な〝人形〟に由来することが分かりました。

このことは、昔の人たちの命名、造語の仕方が、個別・具体的なものを重んじ、それに沿う形で行われていたことを意味します。従って、これから考察しようとする北東北の〈ジンジョコ〉も、これらの方言の延長線上にあると考えるのが自然だと思います。

又、次のようなことも言えないでしょうか。

私たち現代人は人形という言葉を聞いたとき、様々な人形の姿を思い浮かべることができます。雛人形、操り人形、五月人形等々。それだけ豊かな時代に生きて来たという証拠です。これが昔の人たちであれば、思い浮かべる人形の数は少なくなります。昭和（戦前）、大正、明治はまだしも、江戸時代となると大きく減じるでしょう。まして、江戸時代の貧しい農村部となると、人形の数はごく限られたものになるはずです。そこではもはや、抽象・一般化するまでもなく人形は、少数の個別・具体的な人形になるのではないでしょうか。

以上、二つの理由から、北東北の〈ジンジョコ〉〈ニンニョコ〉は個別・具体的な〝人形〟になると考えます。

Ⅵ　〈ジンジョコ〉と個別・具体的人形との関係

●　三つの成立条件

次に前章の結論を踏まえ、〈ジンジョコ〉〈ニンニョコ〉の成立の背景となった個別・具体的な〝人形〟及び人形の関係する祭りや行事について考察してみたいと思います。

〈ジンジョコ〉〈ニンニョコ〉と〝人形〟が確実に結びつくと言えるのは、次の三つの条件が揃った場合となります。

条件1　〈ジンジョコ〉〈ニンニョコ〉の分布と、対象となる〝人形〟の分布が重なること。

条件2　対象となる〝人形〟が肩車又は肩車に近いポーズで運ばれること。さらに、実際に肩車されることがなくとも、肩車の様子が容易に想像できること。

条件3　対象となる〝人形〟が肩車できる程度の大きさであること。小さすぎないこと。

尚、富山の〈デクボンボ〉、〈ダイコクボンボ〉のように、必ずしも一種類だけでなく、二種類の〝人形〟が関係する場合もあり得ます。

1　雛祭り（三月節句）

最近、地域の活性化を目ざすイベントの一環として、昔の「雛祭り」がよみがえり、実施される例が多くなりました。

筆者の住む岩手県でも、盛岡市鉈屋《なたや》町の『盛岡町屋 旧暦の雛祭り』、花巻市大迫町の『おおはさま 宿場の雛まつり』、一関市千厩町の『せんまやひなまつり』などが開催され、活況を呈しているようです。

① ムラ（村）の雛祭り（東北地方北部）

それでは、青森、岩手両県の〈ジンジョコ〉〈ニンニョコ〉分布地域とその周辺の「雛祭り」はどんな様子だったのでしょうか。表7の記載は主に第二次世界大戦後に書かれた市町村史誌からの引用であり、明治時代から第二次世界大戦後まもない頃までの様子と捉えてよいかと思います。

ご覧になっていかがでしょうか。「雛祭り」の影が薄いと感じられないでしょうか。「これで、雛祭りか？」と、怪訝《けげん》に思われたかもしれません。

しかし、これが北東北の農漁村の実態だったのです。「雛祭り」と思われる行事の呼称も〈セック〉〈サガサンニチ〉〈カブシマ〉〈ショイ（潮干）ガリ〉など「雛祭り」らしくありません。

地域名	名 称	内 容（出典）
青森県 三戸郡三戸町	かぶしま	●3月3日を「かぶしま」といっていた。八戸の蕪島に参詣に行く人もあるという。（蛇沼） ●何人か蕪島へ拝みにいった。（貝守） ●この日麦餅を作って神様に上げた。（目時） ●この日赤飯を炊く。蕪島へ行く人達もあった。（梅内） （三戸町史編集員会編『三戸町史』下巻、三戸町、1997、p492）
岩手県 九戸郡洋野町 大野地区林郷	ひなまつり	ひな祭りをやった家は限られた家だけだった。昭和の初めの頃、子供たちは色紙でおひな様を作って遊んだ。その頃ひな人形のあったのは西大野さん、上酒屋さん、長内さんの家だけといわれている。赤飯を神棚にお供えした。 ●潮干狩り（15日まで） 潮干狩りのことを「浜おり」といった。一番近い海は種市町の八木（やぎ）の浜だった。八木まで二里半を2時間ぐらいかけて歩いた。 （大野村編さん委員会編『大野村誌』第一巻（民俗編）、大野村、2005、p324-325）
岩手県 九戸郡野田村	サガサンニチ	ショイ（潮干）狩りの節句ともいわれる。農作業を休み、よもぎ餅をついて食べ、浜に遊びに行った。玉川部落では玉川神社の祭日であり、参詣して西行屋敷跡で遊んだという。 ひな祭りとか、ひなを飾ることなどは極く最近のことである。農家では、3月3日をめどに「畑をうったつ」と言い、次の日から一斉に畑仕事を開始した。 （小田正年編『野田民俗誌　たくましいふるさとの先人たち』野田村教育委員会、1979、p175）
岩手県 宮古市津軽石	潮干狩りの日	お寿司を作って朝から若い者も年寄りも浜に出て、アサリ貝やマテ貝を採る。味噌汁にいれたり、塩味にして食べる。 ひな祭りの日でもあり、女の子がいる家では人形を飾るが、かっては旧家だけで、人形も手製であった。昭和初期生まれの主婦の場合、小学校の同級生70人のうち2人ぐらいしか人形を飾っていなかったという。旧暦のこの頃から蔬菜の種蒔きが始まる。 （宮古市教育委員会『宮古市史　民俗編』上巻、宮古市、1994、p624）

表7　東北地方北部の雛祭り（三月節句）

地域名	名　称	内　　容（出典）
青森県 五所川原市脇元	節　句	仕事は休み。よもぎ餅を作って祝った。この頃、女の子の腹の中に蛇体が入り、悪痛をもたらすとされ、その厄除けとして桃を風呂に入れて虫下しをする。3月の節句にひな人形を飾る風習は最近になってからで、しかも網元衆とか、極く一部の限られた人達だけであった。 （『青森県立郷土館調査報告第13号　民俗9』1985、p88）
青森県 黒石市	上巳の節句	ぼた餅やよもぎ餅を神仏に捧げる。商家でも、ひな人形はほとんど飾らない。おこわ（赤飯）やきんとき豆の飯を炊く。（黒石市『黒石市史』通史編Ⅱ、1988、p476）
青森県 弘前市旧岩木町地区	ひな祭り	●昔はどの家でもほとんどしなかった（宮地・一町田） ●家でおひな様を飾ったことはなく、おひな様は学校のお遊戯会で飾った。（真土） ●ひな祭りはオオヤケ（富裕な家）以外ではやらなかったが、昭和30年（1955）頃から多くの家でやるようになった。 （長谷川成一監修／岩木町史編集委員会編『新編弘前市史』資料編 岩木地区、弘前市岩木総合支所総務課、2010、p766）
青森県 むつ市	三月三日	「三月三日（さがさんにち）」と呼ばれ、どこでも村休みとなっていた。この日は「角こ餅（つのこもち）」…とか、「鬼の舌」と称する菱形の餅（ひしもち）を作って祝ったものである。浜奥内ではこの日、「三月三日はふだん見えねえ島こも見える日だ」という習わしがあり、ちょうど大潮の時期で干潮になると遠くまで潮が引くので、みんな浜遊びに出かけ、貝などを取ってくる習わしになっていた。 又、この日は「ひな祭り」の日で、田名部や大湊の旧家や商家などではおひな様を飾って祝っていた。 （むつ史市編さん委員会編『むつ市史』民俗編、むつ市、1986、p779）
青森県 十和田市	サガサニチ	3月3日のこと。節句ともいいながら格別のことはなかった。町方の旧家では、おひな様を飾ることもあったが、農家ではオコワ（赤飯）をつくるか、ヨモギ餅を作るくらいだった。 （十和田市史編纂委員会編『十和田市史』下巻、十和田市、1976、p504）

各地域の例から、ほぼ共通して読み取れるのは「仕事（農作業）は休み」（五所川原市、むつ市、野田村）、「潮干狩りに行く」（むつ市、三戸町、洋野町、野田村、宮古市）、「よもぎ餅やおこわを作る」（すべての地域）、「農作業の準備」（野田村、宮古市）などです。「雛祭り」の行われる旧暦三月上旬は農耕の重要な「節目」であり、これから始まる農作業の大事な準備期間と位置づけられていました。そのため人々は神を祭り、身を清め、ご馳走をいただき、休養（遊び）し、この日を迎えたのです。

たとえば「潮干狩りに行く」は、海岸で海水に浸り、遊ぶことから「清め」と「休養（遊び）」を意味します。又、「よもぎ餅を作る」は、よもぎの強い香気が邪気の「清め（祓い）」に通じます。

このように、この地域の三月三日は、農作業の無事と豊作を神に祈るための行事日だったのです。いわゆる「雛祭り」とは無関係ではありませんが、やや性格を異にする行事で「三月節句」とした方が誤解が少ないかと思います。

②　マチ（町）の雛祭り

それでは、私たちが普通に思い描く、お内裏様《だいり》（内裏雛）などの立派な人形を伴う「雛祭り」はどのようにして成立したのでしょう。

その成立の経緯は、非常に複雑だと言われていますが、一応、三つの習俗が習合したものと考えられています。一つは、中国から伝わった『上巳《じょうし》の節句』です。これは、三月の最初の巳《み》の日に、禊《みそぎ》をするというもので、その巳の日が次第に三日に収斂し、固定していきます。三月三日という「雛祭り」の日取りがここにできあがります。二つ目は、かつて日本には、人形（ひとがた〔主に紙製〕）に人の穢れを移して水に流すという風習があり、その人形が、いくつかの変遷を経て、あの立派な雛人形に発展していきます。雛人形の成立です。三つ目は、平安時代の貴族の子女たちの「雛遊び」です。人形は本来、人の穢れを託されて、流され捨てられるものでしたが、次第に美しく彩色され、衣装をまとい、貴族の子女たちの愛玩物に変身していきます。これが「雛遊び」の原点となり、後の「雛祭り」の遊戯的側面はここに由来すると言われています。

私たちが「雛祭り」にイメージする「三月三日」「女の子（娘）の成長を祝う」「雛人形を飾る」の三つの要件が揃い、年中行事として定着し始めるのは、一八世紀中頃（江戸時代中期）からと言われています。ただし、その普及は武家や公家、上層町民が中心で、庶民には縁遠く、普及は限定されたものでした。明治に入り、ようやく庶民の間にもぼちぼち普及し始めます。その様子は表7の内容でも窺えます。そして、本当に一般庶民の手に届くようになるのは、なんと、第二次世界大戦後となります。昔は、雛人形を伴う「雛祭り」は都市部が中心で点や線（三都〔江戸、大坂、京都〕、城下町、宿場町など）としては存在しましたが、広範な面（農山漁村）としては存在しなかったのです。北東北の〈ジンジョコ〉〈ニンニョコ〉分布地域は、まさに面の地域であり、雛人形を伴う「雛祭り」との結びつきはほとんどなかったのです。

◇結論

条件1は、本章1節②で述べたとおり〈ジンジョコ〉〈ニンニョコ〉の分布と人形を伴う雛祭りの分布が重なることはなく、成立しません。

条件2はそもそも雛人形を肩車するとか、おんぶするとかという慣習はなく、そのことを想像するのも難しいことです。

条件3は肩車のできる人形の大きさということですが、これも難しいと思います。雛人形の大きさはどの程度なのでしょう。平成二十五年に『もりおか歴史文化館』で開催された人形企画展の雛人形を見てみると、旧盛岡藩南部家ゆかりの雛人形七点（内裏雛、五人囃子《ばやし》など）の平均寸法は一一・五センチメートルで、一番大きい人形は内裏雛（男雛）で一七・五センチメートルでした。

又、盛岡のかつての豪商、中村家（屋号　糸治《いとじ》）所蔵の雛人形二三点（内裏雛、五楽人、歌人など）の平均寸法は二三・七センチメートルで、最大が三〇・〇センチメートルもありました。ただし、これは特別なもので、中村家所蔵の他の雛人形のセットの平均寸法は九・〇センチメートルで一〇センチメートルにも及びません。大名や豪商で、この程度の大きさです。他は推して知るべしです。肩車という行為を考えると小さすぎるのです。

よって、雛祭りは三つの条件とは合わず、〈ジンジョコ〉〈ニンニョコ〉とは関係ないと思われます。

2　こけし

①　木地師《きじし》が東北の山へ

「こけし」は、東北地方を代表する木地玩具（木で作ったおもちゃ）です。「こけし」の起源を辿《たど》りますと、木地師の存在が浮かび上がってきます。彼らは遠く、近江《おうみ》（現滋賀県）を故郷とすると言われ、四〇〇年ほど前には東北の南端、福島県に到達します。そこからさらに北上し、それぞれ集団ごとに東北の山々に分け入り定着していきます。そして、轆轤《ろくろ》を使って碗、盆、鉢などの木工製品を作り地域の人々に供給しました。

しかし、近代に入りますと、金属製品や石油化学製品が出現し、価格や機能面で木工製品は太刀打ちできず需要が減少していきます。多くの木地師たちは転職を強いられ、炭焼き、農民などに職を替えていきました。

こうした時代の趨勢《すうせい》の中で、木地師の技術を生かし、新しい時代に適応していった集団もありました。それが「こけし」などの木地玩具を作る職人たちだったのです。

②　湯治場《とうじば》の発達と木地玩具

木地玩具の誕生は、山間の湯治場の発達と密接に関連します。江戸時代の後半、文化・文政期

（一九世紀前半）に東北の一般庶民、主に農民の間に湯治の風習が普及し始めます。農民たちが農閑期に、家族同伴で自炊道具をもって長期に亘り滞在し、湯浴《ゆあ》みするのです。

湯治客は当然、子供も伴います。子供たちは初め喜々として遊んでいますが、次第に飽きて、退屈を託《かこ》つようになります。山には遊び場がない、店もない、友達もいない、ナイナイづくし。その慰みとして木地玩具（おもちゃ）が作られるようになったのです。男の子は「独楽《こま》」や「車」を、女の子は「こけし」を求めました。又、里への土産品としても需要がありました。木地玩具の種類はとても豊富で、明治以降も盛衰を繰り返しながら近年まで生産が続いてきたのです。

しかし、第二次世界大戦後、ブリキ、セルロイド、ビニールなど、新しい素材の玩具が出現するに及んで、木地玩具は次第に子供たちに見放され、衰退の一途を辿っていきます。

そんな中で、唯一、「こけし」だけが生き残りました。「こけし」は木地玩具の中では地味な存在でした。「独楽」や「車」のような動きがなく、「笛」や「鳴り独楽」のように音も出ません。又、きれいに彩色した現代のものとは異なり、素朴で、目立たない、女の子だけの玩具でした。

③　こけしブームの到来

ところが、第二次世界大戦後の高度成長期に入ると、「こけし」の魅力が再発見され、ブームが到来します。子供というよりも大人にその価値が見出され、「こけし」の蒐集家《しゅうしゅうか》といわれる人たちが東北の山間部に出入りするようになります。当然、これは「こけし」職人たちの弛《たゆ》まぬ努力の賜物でもあったわけです。その後、息の長い需要が形成され、東北各地の湯治場に、それぞれ特徴のある「こけし」が作られていきました。

◇結論

「こけし」が一般に普及するのは、第二次世界大戦後のことです。そして、どちらかというと個人の趣味に負う傾向が強く、個人を超えた地域的な広がりとか、地域的にまとまった普及ということはありませんでした。北東北の〈ジンジョコ〉〈ニンニョコ〉地域で「こけし」ブームがあったという話は聞いたことがありません。

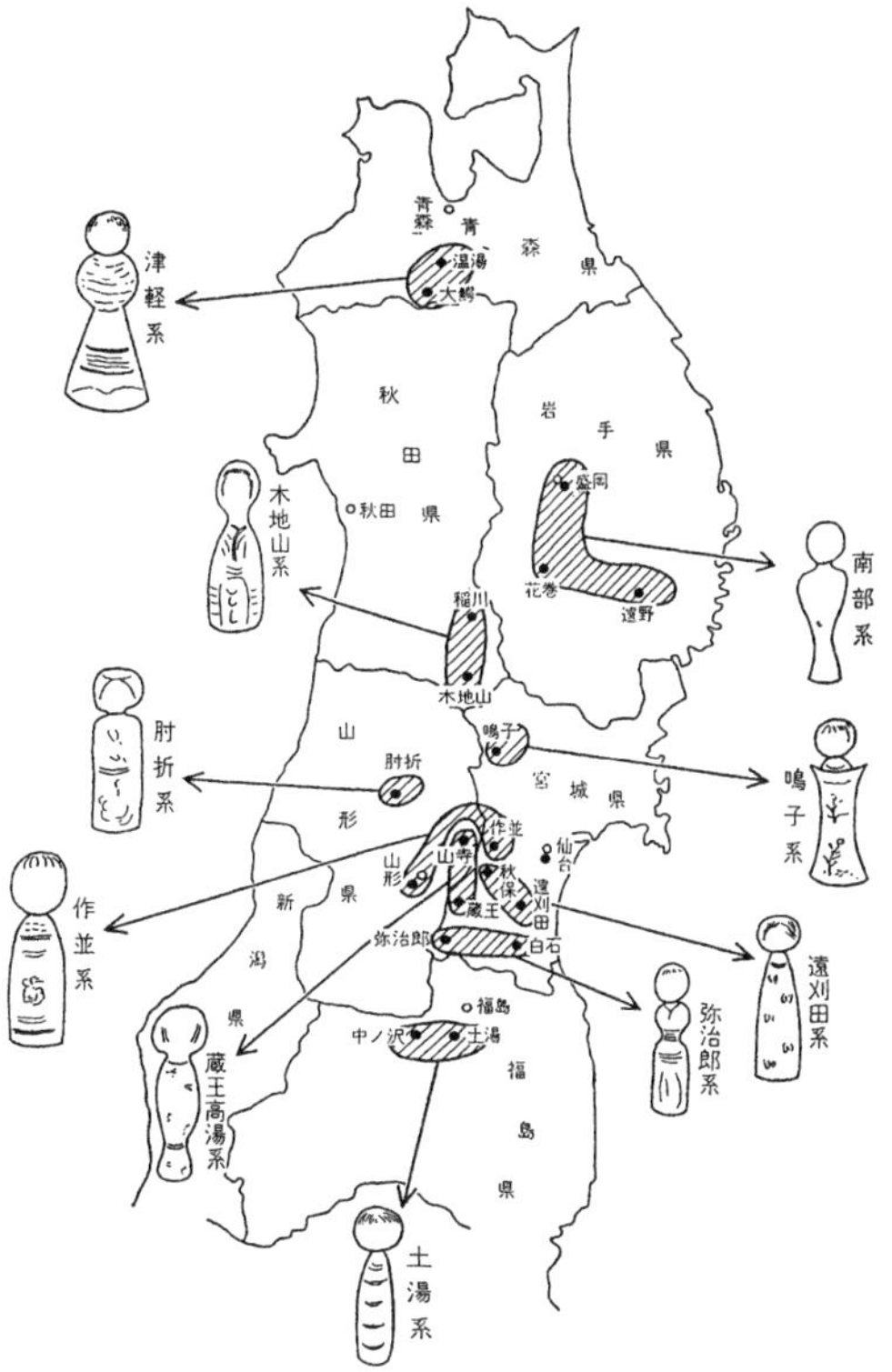

図25　東北地方におけるこけしの主産地の分布
(大槻光子「16. 東北地方の伝統こけし」『東北民俗資料集(八)』万葉堂書店、1979、p191)

〈ジンジョコ〉〈ニンニョコ〉地域は、図25で分かるように「こけし」の主産地から遠く、かろうじて津軽系の温湯《ぬるゆ》や大《おお》鰐《わに》と重なる程度です。従って条件1は、ほとんど成立しません。条件2については、福島の土湯《つちゆ》温泉や宮城の白石市弥治郎などの「こけし」産地で、子供のおんぶが一、二報告されていますが、一般的なものではなかったようです。条件3は、色々な大きさのものがあり平均化するのは難しいのですが、一般に小振りのものが多く、〝肩車〟に結び付き難いようです。

以上、「こけし」は三つの条件とは合わず、〈ジンジョコ〉〈ニンニョコ〉とは関係ないと思われます。

3　人形芝居

①　江戸時代

a　人形《にんぎょう》浄瑠璃《じょうるり》の出現と普及

我が国の伝統的な人形芝居に人形浄瑠璃があります。人形浄瑠璃は一七世紀初めに成立したと言われています。

浄瑠璃の名称は、源義経《みなもとのよしつね》（牛若丸）と浄瑠璃姫の恋物語に由来し、物語の展開の華麗さに加え、語りの伴奏が琵琶から三味線に替わったことで、リズミカルで、より情感に富むものとなりました。結果、多くの人々の心を引き付け、一世を風靡《ふうび》するまでになったのです。

それ以来、「語り物」の多くが、この例に習い、三味線の伴奏を伴うことを常とし、広く浄瑠璃と呼ばれるようになりました。そして、この浄瑠璃に、操り人形が加わり人形浄瑠璃が成立するのです

（写真17）。

一七世紀の終わりに、この世界に竹本義太夫《ぎだゆう》（語り手、義太夫節の創始者）と近松門左衛門《もんざえもん》（語り物、浄瑠璃及び歌舞伎の台本作者）が現れ、人形浄瑠璃の地位は不動のものとなります。一八世紀になり、操り人形も一体の人形を一人で操る一人遣《づか》いから、一体の人形を各パートに分け三人で操る三人遣いに代わり、より細やかでリアルな表現が可能となりました。この一八世紀以降の新しい人形浄瑠璃を後世、文楽《ぶんらく》とも呼ぶようになります。

人形浄瑠璃は大坂などの都市部はもちろん、地方の農村部でも評判を得ます。江戸中期以降、これを上演した農村舞台の正確な数は分かりませんが、歌舞伎上演も含めると全国一八〇〇カ所余に及んだと言われています。

写真17　浄瑠璃人形

淡路人形座が盛岡で上演。
（もりおか町家物語館、2015.9.12）

このような中で東北地方での上演の状況はどうだったのでしょうか。福島県二五カ所、青森県、岩手県がそれぞれ二カ所。秋田県、宮城県は皆無でした。

他地域に比べて如何にも少ない。しかし、当時東北でも人形浄瑠璃に対する憧れ、上演の要望は強くあり、岩手県でもいくつか上演の記録が残されています。

コラム(3)　盛岡藩と人形浄瑠璃

◆藩主の御前《ごぜん》で（『盛岡藩雑書』から）

寛文元年（一六六一年）

十

廿九日　晴風

（略）

城ニテ浄瑠璃

一於御城御居間、晩六ツよりじやうるり御聞被成、くわしや理兵衛・助惣此二人ニて三本語しやみせん引一人参

十一

二日　晴

一晩六ツ時半より於　御城あやつり有、四ツ過ニ済、助惣・理□□（兵衛カ）・徳三郎・権三郎、此外新町ノ者四人参[35]

【要約と解説】（筆者）

十月二十九日　お城の居間で晩六ツ（午後六時頃）から浄瑠璃をお聞きになった。くわしや理兵衛・助惣の二人が三味線引きの伴奏のもと三本の演目を語った。

十一月二日　晩六ツ時半（午後七時頃）から操り人形（人形浄瑠璃か）が演ぜられた。
　　　　　四ツ（午後一〇時頃）過ぎに終了した。助惣・理兵衛・徳三郎・権三郎の他、
　　　　　　新町の者四名も同席した。

江戸初期の盛岡城の様子。盛岡藩三代藩主の南部重直《しげなお》公が、人形浄瑠璃の一座を城内に招き、上演させている。

この時代、盛岡藩には、既に操り人形の芸能集団があったと言われているが、東北諸藩の中では珍しいことであった。但し、人形浄瑠璃の人気は高く、藩主たちはよく地方巡業の一座を城に招いている。

◆盛岡藩第二の都市、遠野の町で（『遠野旧事記』から）（ルビは筆者）

延宝年間（一六七三―一六八一）の頃

一　遠野にてあやつりかぶきの見物芝居立ち候始めは、延宝年中の頃、江戸あやつり座元、虎屋《とらや》永閑太夫《えいかんだゆう》、江戸御屋敷《おやしき》御子様方へ人形の芸事《げいごと》を御目に懸け、その次年に御領分を廻り芝居を立て申し度く候由《よし》、御役人衆へ願いの通り御免《ごめん》成し下《くだ》され御領内所々にて芝居を立て申し候。その節遠野にても七日御免なられ候え共《ども》正月末の事故《ことゆえ》、深雪未だきえず野間（ノアイ）の芝居立て候場所これ無きに付き、新町検断《けんだん》多左衛門裏並びに左右の隣屋敷裏へ芝居を構え人形仕《（使）》い申し候。伊勢参詣に登り候者より外始めての見物故、大勢群集仕《つかまつ》り候えども、七日中喧嘩、出火の騒動もなく相済《あいす》み申し候由、[36]（後略）

【要約と解説】（筆者）

遠野で操り人形（人形浄瑠璃か）や歌舞伎が行われるようになったのは延宝年間のころである。江戸の有名な虎屋永閑の一座が、盛岡藩の江戸屋敷の子供たちに人形の芸を見せ、よしみとなり、ついては盛岡藩内での芝居興行を願い出、許可された。遠野については七日間の興行が許可されたが、なにぶん正月の末であったため、雪が深く、野外に適当な場所がないため新町の検断（町政全般を担当する役人）屋敷裏等を使い芝居を行った。

遠野では、お伊勢参りの途中、江戸や上方で見学した者以外、このような人形芝居を見た者はなく、大勢の人が押しかけ盛況であった。七日の間、ケンカ、火事もなく無事に終了した。

江戸初期。前記の寛文元年の『盛岡藩雑書』の記述から二〇年ほど後の遠野の町の様子。『盛岡藩雑書』の記述より少し後だが、中央の人形芝居が盛岡以外の地方都市でも上演され、一部とはいえ、庶民もそれを楽しんだことが分かる。

b　もう一つの人形芝居

江戸時代には、華やかな人形浄瑠璃とは別に、「飴売りの操り人形」や「首掛けの箱廻し」というものがあったと言われています。

「飴売りの操り人形」は飴売りが飴を売る傍ら、客寄せのため余興として、小さな操り人形（指人形）を遣いました。

「首掛けの箱廻し」は、プロの人形遣いで、首から下げた木箱の上で小さな人形を遣いました。これらは「人形浄瑠璃」のような大掛かりの道具、用具を必要とせず、小人数（一人でも）演ずることができ、地方の小さな村々でも上演可能でした。

②　明治時代以降

人気だった東北の人形芝居

明治に入ると、人形芝居の後進地であった東北地方に、独自の人形芝居が出現します。それは江戸時代に、庶民の身近にあった飴売りの操り人形や首掛けの箱廻しなどの人形芝居をベースとしながらも先進地の様式も取り入れた、新しい形式の人形芝居（一人遣いの指人形芝居）でした。一人遣い故に、動きが軽快で、内容も現地の方言や当時の世相も繰り入れて、清新な雰囲気に溢れ、人々の共感を得ました。

この人形芝居のかつての座数を見ると、青森県四座（中泊二、五所川原一、つがる一）、岩手県一四座（花巻六、盛岡二、雫石一、紫波一、矢巾一、北上一、奥州一、一関一）、秋田県一〇座、山形県九座、宮城県二座、福島県二座の計四一座となります(37)。多くは明治の半ばに成立し、昭和の初期頃まで栄え、東北、北海道を中心に全国で興行し、東京でも評判を得たと言われています。

現在は一〇座ほどが存続しています。

◇結論

まず、江戸時代の「人形浄瑠璃」を見てみます。人形の大きさは色々ですが、ほぼ七〇～一〇〇センチメートルぐらいとなり、条件2、条件3は満たします。しかし、前述したとおり、藩の都市部でかろうじて見ることができた程度で、地方の農村部ではほとんど見ることはできませんでした。よって条件1は成立しません。

飴売りの操り人形や首掛けの箱廻しは、全国的にも記録が少なく、北東北の実態もよく分かりません。又、人形は指（指人形）で操作し、非常に小型のものが多かったようで、条件2、条件3は満たせません。

明治以降の一人遣いの指人形芝居は、北東北の市町村誌、民俗調査報告等に散見しますが、来訪回数は少なく、影響は限定的であったと思われます。人形の大きさは五〇センチメートル程度（頭《かしら》一五センチメートル、衣装三五センチメートル。例：五所川原・金多豆蔵《きんたまめじょう》人形）で、条件2、条件3は満たします。条件1は津軽の一部で重なる可能性もありますが、成立は難しいと思います。

そもそも、この人形芝居の成立は明治中期以降であり、その盛期も短く、これに対して〈ジンジョコ〉〈ニンニョコ〉の成立が明治以前であることを考えると、関係はなさそうです。

総じて、人形浄瑠璃も含め、人形芝居との関係はないといえます。

4　土人形

この章の1節で取り上げた雛人形は、昔の庶民にとっては高価だったのでまれにしか接することができず、まさに高嶺の花でした。しかし、雛人形に対するあこがれは強く、それに代わるものが求められていました。その要望に答えようとしたのが、安価な素材で、手間暇かけずに作れる人形でした。反古《ほご》紙を使った張子人形や、おがくずを糊で固めた練り人形などがそれです。

そして最も人気を博し、喜ばれたのが土人形でした。その多くは、土を焼き固め、きれいに彩色したものです。京都の伏見《ふしみ》人形が、その最初のものだ

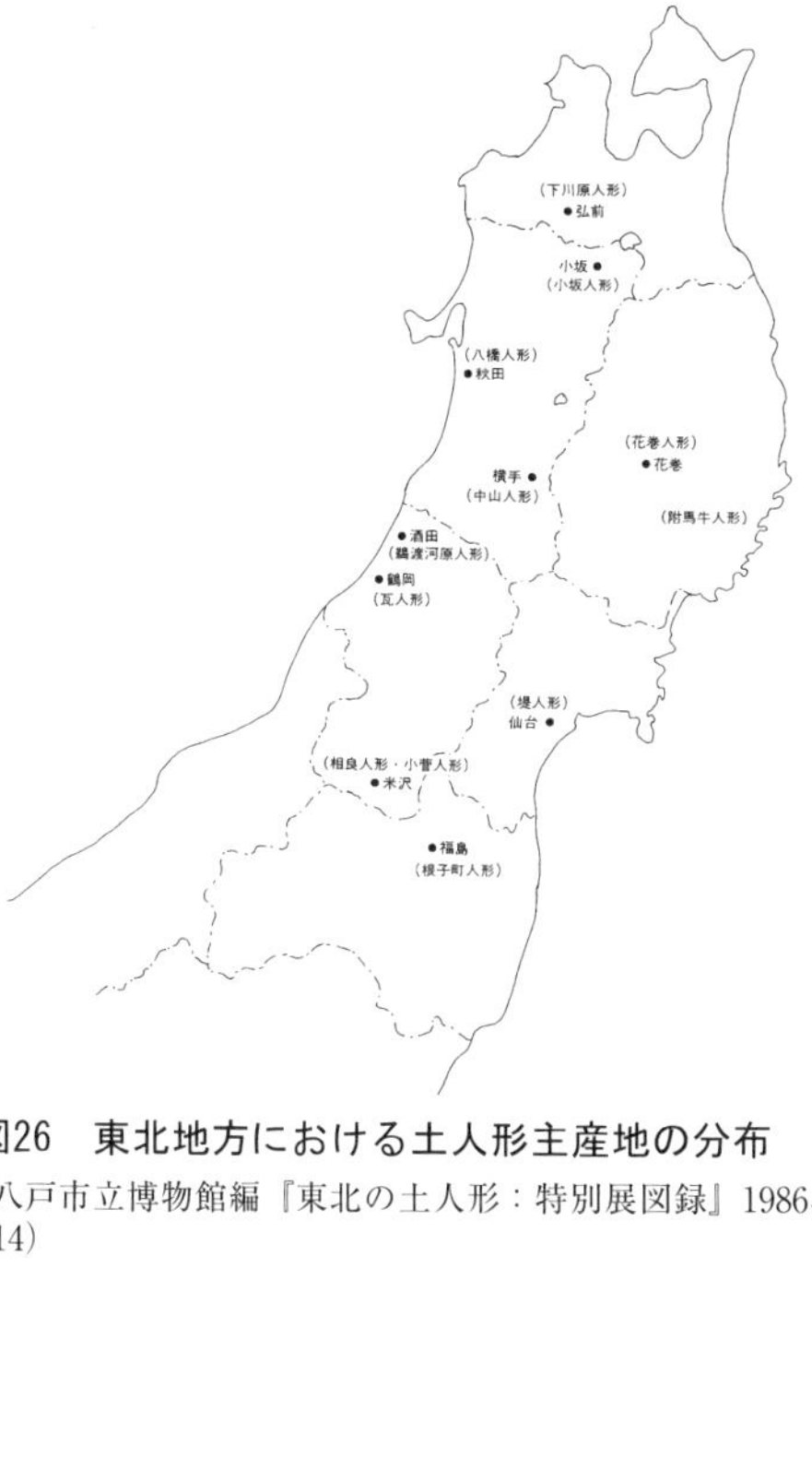

図26　東北地方における土人形主産地の分布

（八戸市立博物館編『東北の土人形：特別展図録』1986、p14）

写真18　花巻人形

高さ 18.6cm（花巻市博物館所蔵）。

といわれています。この人形には天正三年（一五七五）の銘のあるものもあり、その起源は安土桃山時代にまで溯ります。

伏見はかつて、土師器《はじき》（古代の素焼土器）を生産するなど良質な粘土に恵まれており、これが後の土人形の生産につながります。又、伏見は、全国に二万社といわれる稲荷神社の総本社、伏見稲荷大社の坐《まし》ますところです。諸国からの参詣者が訪れ、帰郷の際は京の土産として伏見人形を求め、これが全国に広まったのです。

この京都からの発信に、東北で最初に応えたのが仙台の堤《つつみ》でした。堤は元々陶器（堤焼）の生産地であり、それをベースに土人形すなわち「堤人形」が生まれます。元禄七年（一六九四）の頃、生産が始められたと伝えられています。その最盛期は、江戸時代後半の文化・文政期（一八〇四―一八三〇）でした。

その後、この堤人形や伏見人形を手本に、東北各地に土人形の産地が生まれます。花巻人形（岩手）、相良《さがら》人形（山形）、八橋《やばせ》人形（秋田）、下川原《したかわら》人形（青森）などです。これら、東北の土人形の最盛期は江戸時代後半から明治時代であり、その後は一部を除いて急激に廃れていきます（写真18、図26）。

◇　結論

北日本の〈ジンジョコ〉〈ニンニョコ〉と関係しそうな土人形は、下川原人形（青森）、小坂人形（秋田）、そして花巻人形（岩手）です。

まず、下川原人形から。

下川原人形は津軽（弘前）ですので、〈ニンニョコ〉との結びつきが考えられます。弘前周辺への普及はあったと思いますが、津軽広域への広がりは明確ではありません。又、〈ジンジョコ〉の南部地方ではほとんど知られておらず、条件1は不十分と言わざるを得ません。さらに、人形の大きさは一〇センチメートル前後と小さく、条件2、条件3も満たせません。

次に小坂人形はどうでしょう。Ⅳ章5節の〈オサカニンギョコ〉で述べたように津軽への流入は一部あったと思われますが、ごく限られたものでした。条件1は一部を除いて認められません。

花巻人形は歴史も古く、人形の製作も比較的長く続きました。そして、花巻は〈ジンジョコ〉地域と同じ旧南部藩の地です。花巻人形の明治時代の普及範囲は、南は北上、一関付近まで、北は盛岡、雫石付近まででした。江戸時代の普及範囲も、明治と大きくは変わらなかったと思われ、肝心の〈ジンジョコ〉地域、すなわち青森県東部や岩手県北部沿岸には達しておらず、条件1は成立しません。小坂人形、花巻人形の大きさは一〇～二〇センチメートル程度で、中には三〇センチメートルを超えるものもありますが、ごく稀です。従って条件2、条件3は十分満たされたとはいえません。

以上、三つの土人形について確認したわけですが、特に条件1が満たせず、両者は関係なしとせざるを得ないのです。

5　女の子の人形遊び

前述のように、雛人形、こけし、人形芝居、そして土人形も〈ジンジョコ〉〈ニンニョコ〉とは結びつきません。

他に何かないのか？

人形に、真に親しみ、それを愛してきたのは幼い女の子たちです。確かに雛人形、こけしは大好きでしょうが、いずれも値が張り（特に雛人形は！）、扱いも難しく、雛人形に至っては遊べる時季も限られています。三月三日が終わったら急いで箱に仕舞わなければなりません。そのため、女の子たちは身近にあって、気安くいつでも遊べる人形を欲したはずです。

筆者の少年時代を思い起こしてみると、近所のオカッパ頭の女の子が、布製の人形をおぶい紐で背負い、喜々として遊んでいたのが目に浮かびます。そのような情景が少なからず昔からあったのではないか。そして、それが〈ジンジョコ〉〈ニンニョコ〉に結びついたのではないか。そのように考えたのです。

それでは、次項から北東北の昔の女の子たちの人形遊びを見てみましょう。

①　南部地方

a　野辺地《のへじ》の例

青森県上北郡野辺地町で、明治四十三年（一九一〇）生まれの川村トシさんの、少女時代を回想してのお話です。大正時代中頃の野辺地町の様子です。

ジンジョコ　女の子の人形遊び。人形作るったて、自分で作ってな。着る着物こさえて、草だばまた草のなりに草でもってやって。葉っぱおんたのでやるの。ツギ（継ぎ切れ）でやったのはツギで。ジンジョコという。自分でも着物コこさえてちゃんとするの。今の人だばただ金で買ってわげわがんないもの。（後略）

（中略）

人形遊び　人形も自分でこせで、形もさまじゃまだな。キミ（とうもろこし）の殻でこしらえたり、やってみたりする。

人形遊び　日本人形でなく手でこしらえた人形でした。赤ん坊ば白い布でかぶせて、着物コきせて。姉さまなどおっかさまば紙コでこさえて、顔に前髪だとかびんだとか。晩ご飯食べたあと、炉端で姉と二人で遊んで。(38)

【要約】（筆者）

人形（ジンジョコ）はすべて自分で作った。草で胴体を作り、葉っぱの着物を着せた。ツギ（布の切れ端）の人形も作った。今の人たちは人形をお金で買うだけで作り方は分からない。トウモロコシの殻で作った人形もあった。

少し体裁の良い親子の人形については、子供（赤ん坊）は白い布で、親（姉さま、おっかさま）は和紙で作った。夕食後、姉とよく人形遊びをした。

b　八戸の例

花人形・柿の葉人形　（前略）南部では〈カキタロエ〉（五戸）といって、秋に色づいて落ちてきた柿の葉を集め、その一枚をたたんで頭にし、他の葉を十二単衣を着せるように重ねて、下の方は指先でむしって立つようにして遊んだ。

着物の合わせ目には、野茨のトゲを二つ三つさしてとめたという。この人形を八戸では〈柿の葉人形〉または〈カギノハジジョコ〉とよんでいる。作り方は色々あるという。(39)（写真19）

写真19　柿の葉人形（八戸）
（北彰介『オモチャッコ１　津軽 南部の子供の遊びと玩具』青森県の文化シリーズ３、北方新社、1975、p27）

以上、野辺地と八戸の例ですが、何と慎ましやかな人形でしょう。これに比べると戦後の女の子たちが遊んでいた人形は極めて豪華なものに思えてきます。それほど昔は貧しかった。自然の草花や、布の切れ端を素材とすることが当たり前だったのです。

②　津軽地方

a　弘前の例

明治生まれ（明治四十一年）の著者が、曾祖母、祖母から聞いた話として記したものです。文化・文政期（江戸時代後期）から大正の終わり頃までのことです。

> 花人形遊び
>
> 春になって花の咲き始める季節になると、（略）。
>
> 女の子のやさしい心が養われると思われるものに、この花人形遊びがある。この遊びは花の咲いているうちずっとつづく。野外で花をつみ、草の葉を集め、みんなでそれをもち寄り、思い思いの花人形をつくるのである。帯にはアヤメの長い葉っぱ、カキツバタ、イチハツなどが用いられる。つくった花人形は相手の人にあげたり、とりかえっこしたりする。
>
> お花は主として人形の首になったり、花びらは着物の飾りになったり、葉っぱは着物になったりする。(40)

b　青森の例

昭和元年生まれの著者が、昔を回想して記しています。

きのごあねさま　（前略）むかしは町から人形を買って持っている子など、田舎では珍らし（原文ママ）くて、だからしぜん手製の人形が作られた。

女の子の遊びの〈あねさま遊び〉は別名〈きのごあねさま〉ともよばれた。あねさまとは「若いお嫁さん」という意味で、これは日本紙で作られた。頭がきのこに似ていたからそうよばれたものらしい。

〈あねさま人形〉は頭と体を別々に作る。頭の方は日本紙を丸筆の軸を芯にして丸め、紙の三分の二ほど丸めたら、それを左右から縮め芯を抜いて輪を作り、顔の部分に綿を少々入れてふくらみを持たせ、下を糸でくくると上の方が髪となり、下のほうが顔となる。

着物は千代紙や色紙を三角形に折り、日本紙で作った頭部をさしこみ、やはり千代紙で作った帯をしめさせると出来上る。ヒナ人形のような素朴さがあって美しい。

（中略）

昭和も中頃になると、白い布で頭や胴、手足を作り、なかへモミがらを入れ、髪の毛は毛糸を、顔はすみで目、鼻をかき、それに似合った着物を親が作ってくれる。三、四才の幼児はその人形で着せ替えをやったり、背中におぶったりして一日、子守り遊びをして遊んでいたものである。(41)

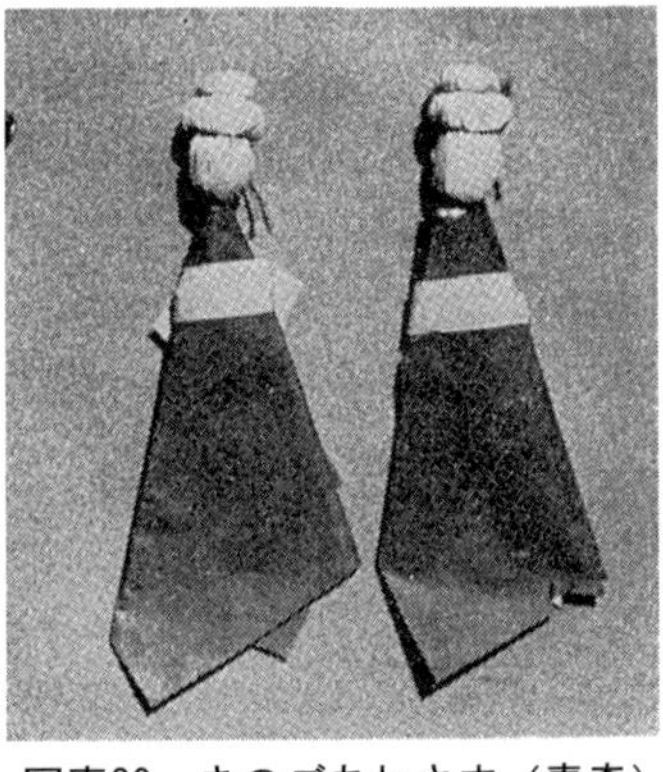

写真20　きのごあねさま（青森）

北彰介『オモチャッコ２　津軽 南部の子供の遊びと玩具』青森県の文化シリーズ４、北方新社、1975、p35）

〈写真20〉

以上、津軽の例です。弘前の花人形は、その素材が少し違いますが南部（野辺地、八戸）の〈ジンジョコ〉や柿の葉人形に通ずるものがあります。又、青森（津軽）のきのごあねさまは、野辺地（南部）の人形遊びとよく似ています。

つまり、津軽、南部とも人形の素材、作り方、扱い方などに大差はなかったのです。

◇結論

条件1については、昔の女の子たちの扱った草花の人形の分布は明らかでありません。北東北どころか、日本全国に及んでいた可能性もあります。紙や布の切れ端で作った人形についても同じことがいえると思います。ここでは分布の一致よりも条件2、条件3の成立の方が大事なのです。

条件2、条件3については、草花の人形にしろ、紙や布切れの人形にしろ、とても華奢《きゃしゃ》で〝肩車〟に耐えられそうもありません。どちらの人形も小さすぎるのです。

ただ、青森の例ですが「昭和も中頃になると、（略）、なかへモミがらを入れ、（略）幼児は（略）、背中におぶったりして[42]」と、あります。当然、「背中におぶう」という行為は〝肩車〟に繋がります。

しかし、これは昭和の中頃の話であり〈ジンジョコ〉〈ニンニョコ〉の成立が、それよりもはるか以前、江戸時代であろうことを考えると、方言成立には結びつきません。以上のことから「女の子の人形遊び」も〈ジンジョコ〉〈ニンニョコ〉は関係ないと思います。

〈注〉

(1) 岩手県立久慈高等学校郷土史研究部『郷土の研究―九戸方言地図1―』(九戸出版、一九七八年)。
(2) (1)に同じ、一〇～一二頁。
(3) 森下喜一『岩手の方言』(教育出版センター、一九八二年、八七頁)。
(4) 小田正博編著『南部詞の世界』(改訂版)第二巻(二〇〇八年、一三四三頁)。
(5) 堀米繁男『種市のことば　―解説編―(附　譬と警句)』(種市歴史民俗の会、二〇〇八年、七七頁)。
(6) 山村秀雄『青森県平内方言集』(平内教育委員会、一九八〇年、二九四頁)。
(7) 「高人像」すなわち〝高い位の人、又は優れた人の像〟とも読めるが、ここでは〝高く掲げられた人像(人形)・肩車のこと〟と理解すべきであろう。
(8) 関谷徳夫『いとしく　おかしく　懐かしく：私の吉里吉里語辞典』(二〇〇七年〈私家版による〉、二六三頁)。
(9) (4)に同じ。
(10) 福田公仙『岩手のお地蔵さん』(博光出版、一九九二年、六〇頁)。
(11) 仙台中央放送局編『東北の童謡』(日本放送出版協会、一九三七年、二六八～二六九頁〉。
(12) 盛岡藩お抱えの芸能集団。現在の盛岡市仙北町、駒形神社付近に御駒《おこま》太夫《だゆう》と呼ばれる代表者を中心に芸能者七軒(七人)が集住していたことから「七軒丁」と呼ばれた。盛岡城内の芸能全般を担当し、城下の多くの祭り、芸能を仕切り、先導した。又、広く藩内各地の祭り・芸能の指導、育成にも携わった。

(13) 笹間良彦『日本こどものあそび大図鑑』（遊子館、二〇〇五年、四二頁）。

(14) 柳田国男「肩車考」（『柳田國男全集　第七巻』筑摩書房、一九九八年、一八五頁）。

(15) 国の文化的中心地（昔の京都など）で新しい言葉が発生し、順次地方に伝播した場合、ちょうど水面に石を投じ、波紋が広がるように同心円的な分布ができ、結果として中心から遠い所ほど古い言葉が残るとする考え方。柳田国男が著書『蝸牛考』（一九二七）でカタツムリの方言を例に論じた。

(16) 神霊が取り憑き、人々に神意を伝えたりする人物。

(17) 天津神社の舞楽と称し、旧能生町の白山神社の舞楽とともに「糸魚川・能生の舞楽」として国の重要無形民俗文化財に指定されている。

(18) パーセンテージだけ見ると、鹿児島県が八六％で全国一位となるが、寺院数が極端に少ないため（一三〇／一五一）省いた。石川県は（八九七／一二四九）、富山県は（一一九七／一五一八）である。

(19) 藤島学陵『加賀、能登アイサの生活語辞典』（加藤和夫監修、能登印刷出版部、二〇一六年、六九頁）。

(20) 岡田一二三『みちのく南部の方言』（伊吉書院、一九九六年、二〇五頁）。

(21) 楠正弘『庶民信仰の世界』（未来社、一九八四年、二七一〜二七二頁）。

(22) 田中茂『青森県上北地方の方言　Ⅱ』（青森県文芸協会出版部、二〇一三年、三四八〜三四九頁）。

(23) 橘正一「人形の全國方言」（高藤武馬編『方言8』第五巻、春陽堂、一九七四年、四三三頁）。初出は一九三五年。

(24) 工藤紘一「2岩手のオシラサマ②呼称」(『いわてオシラサマ探訪』岩手県立博物館編、二〇〇八年、一三頁)。
(25) 小井川潤次郎「おしらさま雑記」(『東北文化研究』二巻三号、一九二九年、九五頁)。
(26) 加藤敬『イタコとオシラサマ』(学習研究社、二〇〇三年、二〇一・二〇四頁)。
(27) 坂上田村麻呂や円仁に縁があるとされ、歴代の盛岡藩主にも敬われ、社領の寄進や代参(本人の代わりの参詣)を受けていた。地蔵尊はカツラ材の寄木造りで、高さ一・七メートルに及ぶ。現在も近在からの参詣が多い。
(28) 平山輝男他『新潟県のことば』(日本のことばシリーズ15、明治書院、二〇〇五年、一九一頁)。
(29) 方言番付とは、方言を相撲番付に似せて作り、手拭いや暖簾に刷り込んだもの。土産品としてよく売られている。同類のものとして「長者番付」、「特産物番付」などがある。
(30) 伊藤曙覧『富山の民俗芸能』(チューエツ、一九七七年、二一二頁)。
(31) 賽の神。サエノカミともいう。村境に祀られる道祖神のこと。
小正月の火祭りがしばしば道祖神の傍らで行われることからサイノカミと呼ばれるようになった。現在はサギチョウと同一視されることが多いが、本来は別の風習である。
(32) 左義長。平安時代、宮中で行われた正月の火祭り行事「三毬杖(さぎちょう)」に由来する。
「三毬杖」は火祭りの現場に三本の木を組み立てたことに因むという。「三鞠打(さぎちょう)」ともいう。
(33) 山古志村役場『山古志村史・民俗』(一九八三年、二三七〜二三八頁)。
(34) 富山県教育委員会『富山県の曳山』(一九七六年、一・九・五五頁)。

(35)　盛岡市教育委員会・盛岡市中央公民館編『盛岡藩雑書　第二巻』(熊谷印刷出版部、一九八七年、二二二頁)。
(36)　岩手古文書研究会編「遠野旧事記・阿部小平次の大福帳」(『岩手古文書館』巻六、岩手古文書研究会、二〇〇四年、八七頁)。
(37)　加納克己・潟見英明『東北地方一人遣い人形芝居調査報告書：猿倉人形を中心に：平成二十年度文化庁芸術活動基盤充実事業』(財団法人現代人形劇センター、二〇〇九年)。
(38)　宮良高弘編『野辺地の社会と民俗◉野辺地の事例』(青森県上北郡野辺地町・北海道みんぞく文化研究会、一九九〇年、三七四・三七五頁)。
(39)　北彰介『オモチャッコ1　津軽　南部の子供の遊びと玩具』(青森県の文化シリーズ3、北方新社、一九七五年、二六～二七頁)。
(40)　斎藤正『津軽童戯集』(黎明書房、一九七四年、一八頁)。
(41)　北彰介『オモチャッコ2　津軽　南部の子供の遊びと玩具』(青森県の文化シリーズ4、北方新社、一九七五年、三四～三六頁)。
(42)　(39)に同じ、三六頁。

第二部　〈ジンジョコ〉の成り立ち

Ⅶ　〈ジンジョコ〉と「人形おくり」

1　「人形おくり」とは

①　「疫病《えきびょう》おくり」と「虫おくり」

前章で見たとおり、〝肩車〟の方言〈ジンジョコ〉と結び付きそうな人形はなかなか見当たりません。

それでは、まったく望みはないのでしょうか？

いえいえ、筆者の見立てでは、まだ可能性があるのです。「疫病おくり」、そして「虫おくり」という祭りをお聞きになったことがないでしょうか。この二つの祭りは人形を祭りの中心に据える場合が多く「人形おくり」と総称されることがあります。ただし、紛らわしいのですが「疫病おくり」で人形を伴う場合のみ「人形おくり」と呼び、「虫おくり」と区別していることがあり、後述の一戸町の高屋敷がその例です。

「人形おくり」は、地域の災厄《さいやく》を藁人形に託し、それを高く掲げ、行列を作り、太鼓、笛、鉦《かね》などで、はやし立て地域外に送り出すという祭りです。「疫病おくり」は流行病を、「虫おくり」は田畑の害虫を人形に託し、外に送り出すのです。

この二つの祭りは、全国各地で行われてきました。しかし、個々の祭りや、比較的狭い範囲での調査・研究はあるのですが、全国に及ぶ、又、全国を視野に入れた系統だった研究はまだ少なく、二つの祭りの全貌は明らかではありません。

ただ、東北地方、特に北東北（青森、岩手、秋田）は全国的に見ても、この二つの祭りが盛んな地域であることはよく知られているところです。

② 高屋敷（岩手県二戸町）の二つの祭り

a 典型的な二つの祭り

ここで「疫病おくり」と「虫おくり」の実際を、岩手県二戸郡一戸町小鳥谷《こずや》字高屋敷を例に見てみます。

高屋敷は一戸町の南部に位置し、馬淵《まべち》川の支流の平糠《ひらぬか》川の左岸の高台に展開する、戸数四〇戸ほどの集落で、人々は主に畑作に従事してきました。かつては集落内を奥州街道が通り、浄法寺方面への街道の分岐点にもなっており、重要な交通の結節点でした。現在は、集落のすぐ東側を国道四号線といわて銀河鉄道が通っています（図27）。

なぜ高屋敷を選んだのか？　それは、この集落の二つの祭りが、それぞれの祭りの特徴をよく保持していると思われるからです。

一般に「疫病おくり」と「虫おくり」は、その実施時期が近接している（疫病が流行《はや》り、田畑に虫が発生するのはいずれも暑い時期、五月～八月頃）例が多く、そのため互いに影響しあい、二つの祭りが似通った姿となったり、ついには一体化し、両者の区別がつかなくなることもしばしばあるのです。

そういう中にあって、高屋敷の祭りはそれぞれの祭りの特徴をよく留めている数少ない例なのです。高屋敷では、「疫病おくり」を「人形祭り」「じんじょまつり」と、「虫おくり」を「蟲

図27　高屋敷（一戸町）の周辺図

（国土地理院発行、5万分の1地形図「くずまき」より転載。72%に縮小）

写真21　人形祭り・じんじょまつり

男女の人形を担ぎ、行列は進む
（一戸町小鳥谷高屋敷、2014）

写真22　人形祭り・じんじょまつり

祭りの最後に人形を川に投げ入れる
（一戸町小鳥谷高屋敷、2014）

写真23　蟲追い祭り

笹に小旗を付け、笛や太鼓で囃し、行列は進む　（一戸町小鳥谷高屋敷、2015）

写真24　蟲追い祭り

祭りの最後に笹竹と小旗を川に投げ入れる
（一戸町小鳥谷高屋敷、2015）

追い祭り」と呼んでいます（写真21〜25）。
祭りの実際を、高屋敷町内会がまとめた『奥州街道　むら　高屋敷』で見てみます。

行事名　人形祭り（じんじょまつり）※（「疫病おくり」のこと＝筆者注）
いつ　旧暦七月二十四日（平成二十年は八月二十四日）
どこで　常宿　川底家（屋号・川底本家）
由来・内容　わがむらでは、朝から常宿の川底本家に集まり「麦藁」で男女の人形を作り、それぞれのシンボルを胡瓜で形作り完成させた。夕方、川底本家から村の中心地まで六〇〇mそしてむらの北端（滝つぼ）の川までの五〇〇mを太鼓・鉦・笛を鳴らしながら練り歩いた。各家では、麸もち（フスマもち）をピンポン玉大に家族の人数分の数を作り、葛のつるで数珠通し、その数珠で家族のお腹を摩り（三回廻し）「お腹が痛くならないよう」呪いした。その後、笛・太鼓の音を聞きつけ、その数珠を持って通りに集まり、人形の腕にかけ「腹痛予防」の願懸けを行った。その後、行列に加わり村の北端の川に流した。
この祭りは、川底金三郎氏が死去した前年の昭和五十一年まで行われたが、人形が作られたのは五年前の昭和四十六年頃まであった。（当時、ホップの栽培が盛んに行われ、収穫最盛期のため祭りに参加する人が少なく人形を作成できなかった）

また、この日は、となりむら小繋地蔵尊（子安地蔵）の祭典の日。子宝、子供の元気な成長を祈って村人も参拝したという。

「腹痛予防」を願って、杯を交わしたが、人形づくり・行列があるためいつもより杯は進まなかった。

ほろ酔いの大人たちは唄を唄いながら行列に参加した。

「団子出せ！団子出せ！」

お神酒あげ

行事名　蟲追い祭り　※（「虫おくり」のこと＝筆者注）

いつ　旧六月二十四日（平成二十年は七月二十五日）

どこで　廻り宿

由来・内容　一年でもっとも暑い日が続くこの時期に、①体の中にいる悪蟲　②大根の播種時期の大根の虫除け（畑）　③水稲の悪虫除け　のため　大麦を焦がし粉にした「こうせん（香煎）」を①は水又はお湯で湿らせ、そのまま食した。②③は畑・田んぼに撒いて防除祈願した。

畑には　「五穀成就悪蟲退散祭所也」の小旗を

水田には　「十和田山神社悪蟲退散祭所也」の小旗を立てた。

川には　「岩手山神社悪蟲退散祭所也」の小旗を流した。

お神酒あげ※　悪蟲退散・五穀豊穣願って、杯を交わした。夕刻になると笛・太鼓・鉦の囃子にのせて各家々から「岩手山神社悪蟲退散祭所也」と書かれた小旗を笹竹に括り付け笛太鼓の後に続き村のはずれの「滝つぼ」の平糠川に流し、悪蟲退散・五穀豊穣を祈願した。[1]

※オミキアゲ（おみきあげ）
民間の神祭り。神霊に酒を供える「お神酒上げ」に由来する言葉で、（略）。岩手県北部地方では、主として共同祭祀や共同祈願を行なう地域の信仰行事で、村人の手になる神事をいう。[2]

二つの祭りは、人々が行列を作り、笛・太鼓・鉦を鳴らしながら練り歩くことは共通しています。ただし「疫病おくり」では人形（麦藁《むぎわら》）を掲げ、「虫おくり」では人形を伴わず、笹竹に小旗を掲げることを特徴とします。このことが、北東北の二つの祭りの基本形と考えられます。

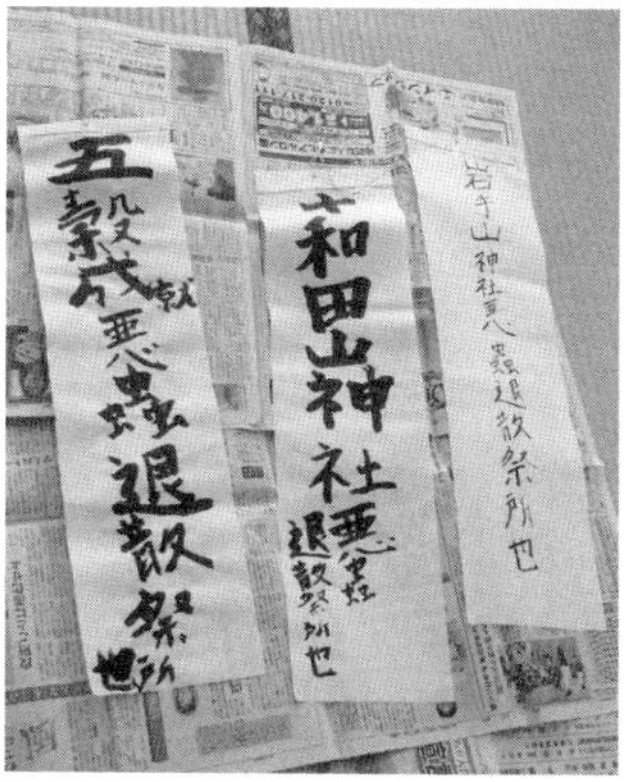

写真25　蟲追い祭りの小旗
祈願の文言が記されている
（一戸町小鳥谷髙屋敷、2015）

このように高屋敷の「疫病おくり」は人形アリ、「虫おくり」は人形ナシなのですが、他の北東北の地域（全国でも）では「虫おくり」にも、人形アリの例が多く見られます。これは、「疫病おくり」の様式が「虫おくり」に影響を与えた結果とも考えられます。「疫病おくり」は人形アリ、「虫おくり」も人形アリ、このことから両者を「人形おくり」と総称する場合があるのです。

コラム(4)　岩手山信仰・十和田信仰と蟲追い祭り

高屋敷の「蟲追い祭り（虫おくり）」では、前述のように小旗に岩手山神社や十和田神社への祈願の文言を書き、田畑に立てたり、川に流したりします。すなわち、岩手山や十和田湖への信仰と「虫おくり」が結びついているのです。

高屋敷では、岩手山については、昭和五十年頃まで村の代表が岩手郡滝沢村（現滝沢市）柳沢の岩手山神社に赴き、御札を拝領し、他に岩手山のハイマツを採取し、持ち帰り、田畑に供えたということです。今でも、岩手山神社との関係は保たれ、毎年、御札が地区に届けられ、それを各家庭に配布しているとのことです。

十和田神社との関係は不明ですが、すぐ北に位置する二戸市は江戸時代から十和田信仰の盛んなところで、その影響が高屋敷（一戸）まで及んでいることが考えられます。

2 「人形おくり」の分布

① 北東北に濃い分布

図28をご覧ください。これは全国の「虫おくり」の分布を表したものです。図中に「サネモリおくり」、「サネモリ人形」とありますが、これは「虫おくり」の西日本版と見てよろしいと思います。図28で「×」の「虫送りの人形」、すなわち人形を伴う「虫おくり」は、東北、特に北東北（青森、岩手、秋田）に多く分布します。

図29は筆者が作成したもので、明治以降、現在に至るまでに存在した「人形おくり」（人形を伴う「疫病おくり」「虫おくり」など）の分布を示しています。ただし、かつては存在したが、その後、途中で消滅し、現在は存在しないところも含まれます。

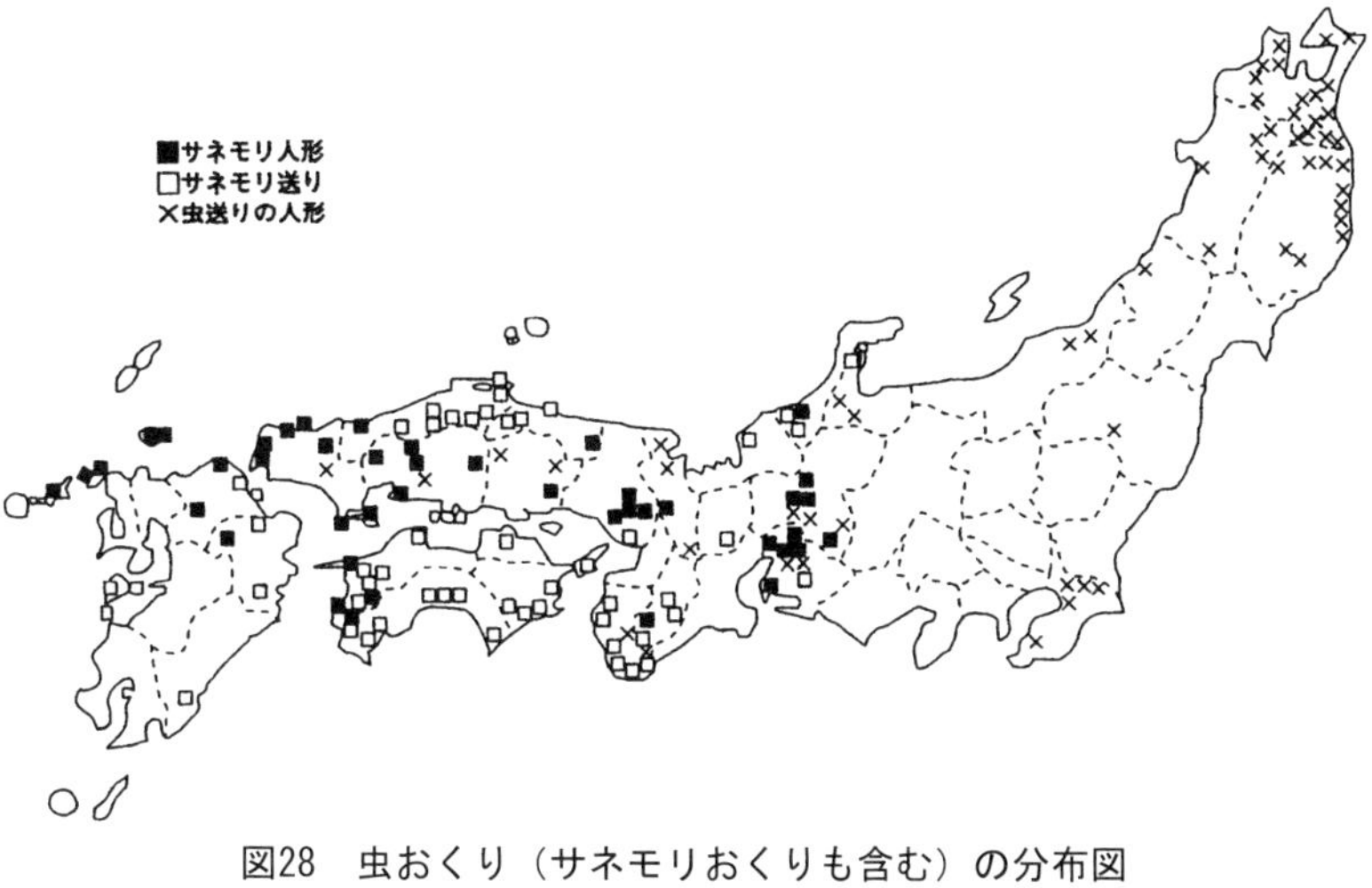

図28　虫おくり（サネモリおくりも含む）の分布図
（神野善治「実盛人形の分布」『民具研究 59』日本民具学会、1985年、p141）

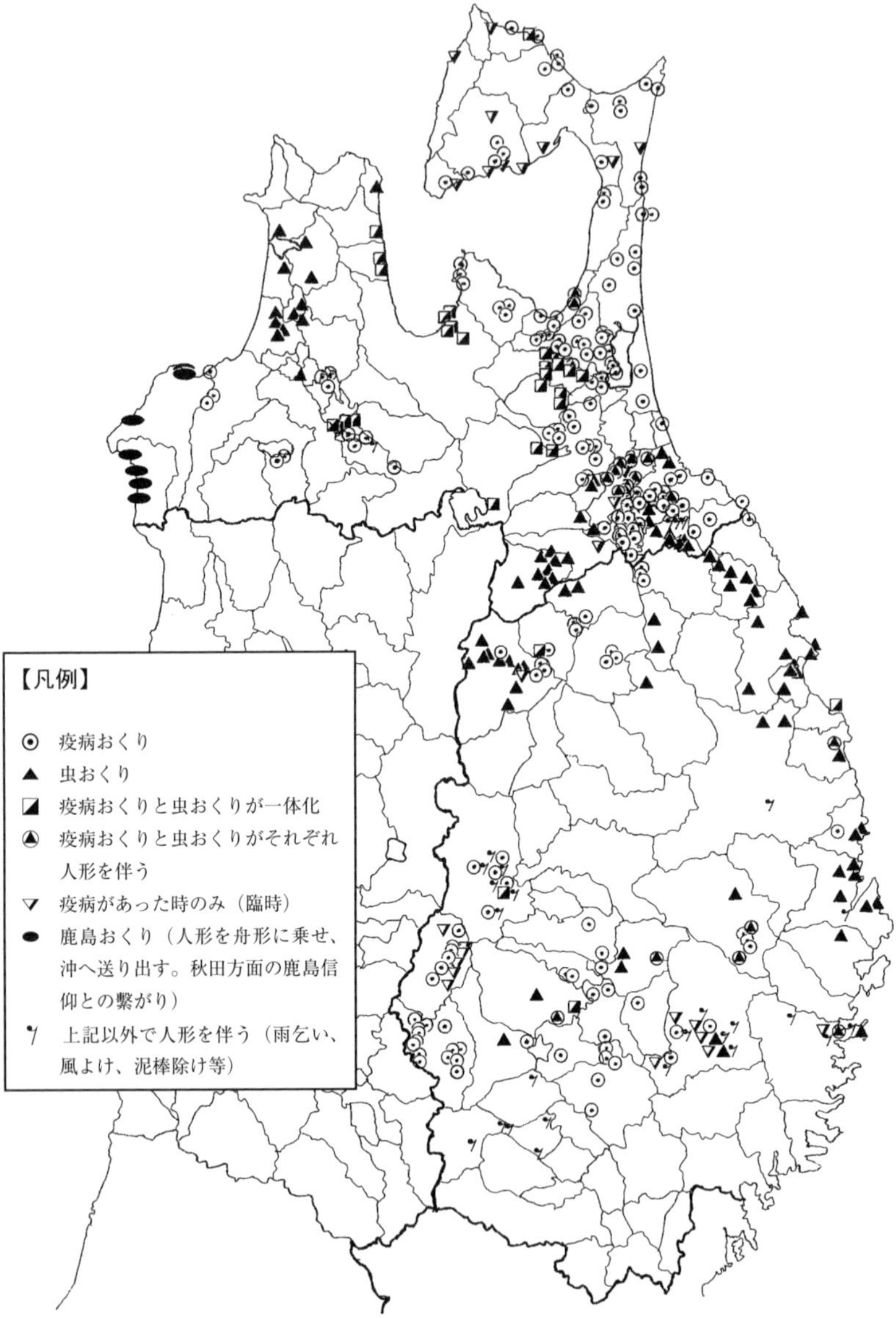

図29 人形を伴う「疫病おくり」「虫おくり」等の分布（青森県・岩手県）

図28で「×」としているところは図29では、ほぼ「▲・◪・◭」に該当します。図29では「虫おくりの人形」だけでなく、「疫病おくり」（⊙・◪・◭・▽）、「鹿島おくり」（●）、「雨乞い」（•7）などの人形の分布も示されています。図29は、青森県と岩手県のみですが、図28と合わせて見たとき、この地域の「人形おくり」の分布が他地域に比べ濃く、全国的に見ても特色ある地域であることが理解できます。

それでは〈ジンジョコ〉〈ニンニョコ〉との関係はどうでしょうか?

図29の「人形おくり」の分布の北半分と〈ジンジョコ〉〈ニンニョコ〉の分布（図7、三〇頁）はほぼ重なります。このことは「人形おくり」と〈ジンジョコ〉〈ニンニョコ〉の間の何らかの関係性を窺わせます。「人形おくり」の分布の北半分のどこかで、〝肩車〟を意味する〈ジンジョコ〉〈ニンニョコ〉が発生し、青森県の大半と岩手県北部沿岸を覆ったと考えることができるかと思います（図30①、②）。

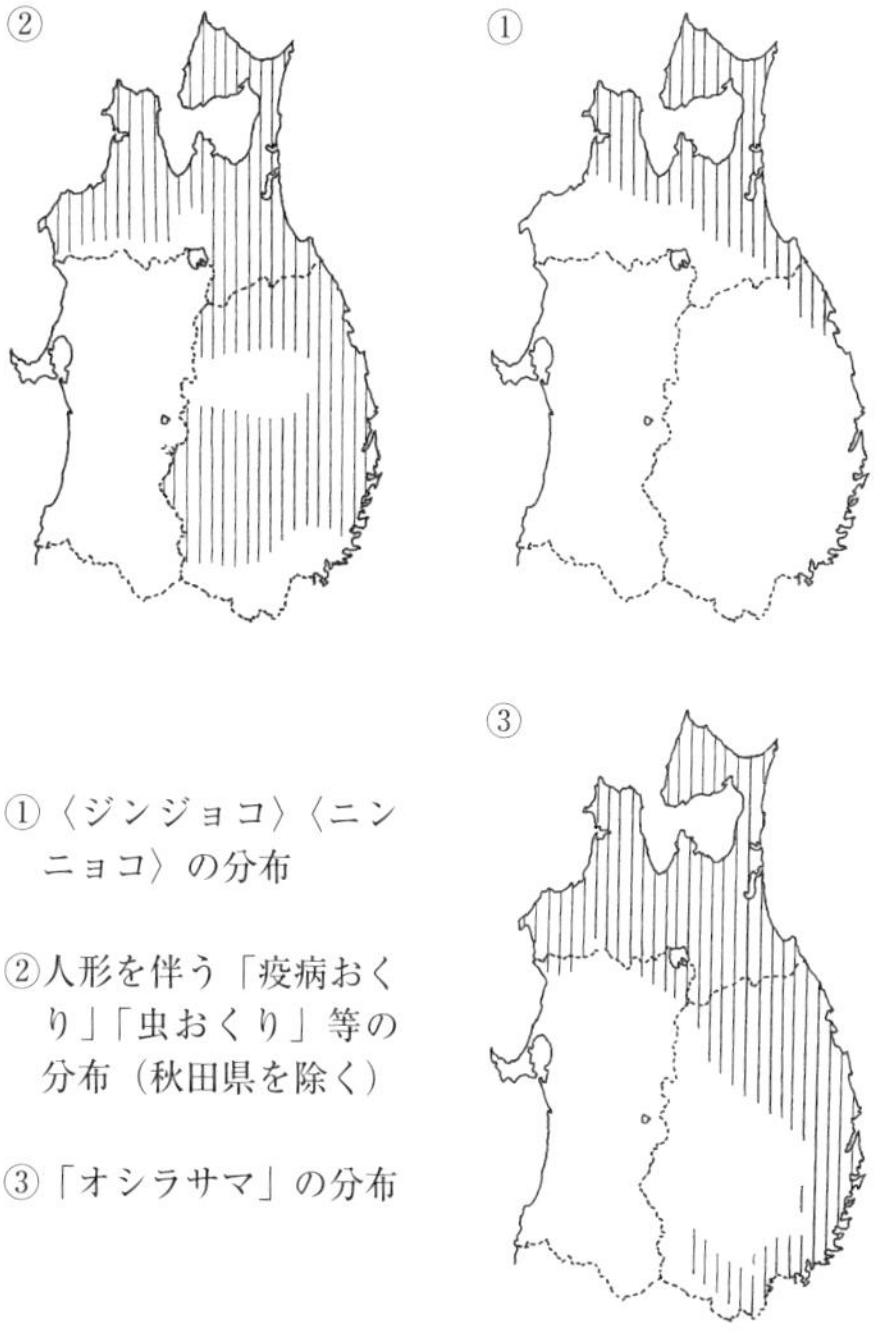

①〈ジンジョコ〉〈ニンニョコ〉の分布

②人形を伴う「疫病おくり」「虫おくり」等の分布（秋田県を除く）

③「オシラサマ」の分布

図30　分布図（略図）の比較

②　昔、「人形おくり」の光景は、ありふれたものだった

さて、北東北に広く分布する、又は、したと言われる「人形おくり」ですが、現在の北東北の人々はどの程度、目にしているのでしょうか？

正直、筆者自身、本書を書く以前はまったく知らず、当然、目にしたこともありませんでした。

図31、図32をご覧ください。図31は青森県旧十和田市の例で、現在、「人形おくり」が行われているのは板の沢地区の〈ニンギョウユリ〉〈ジンジョウオクリ〉一カ所のみです。図32は岩手県和賀郡旧湯田町で、白《しろ》木野《きの》、下前《したまえ》、左草《さそう》の〈ヤクバライニンギョウ〉以外は消えてしまいまし

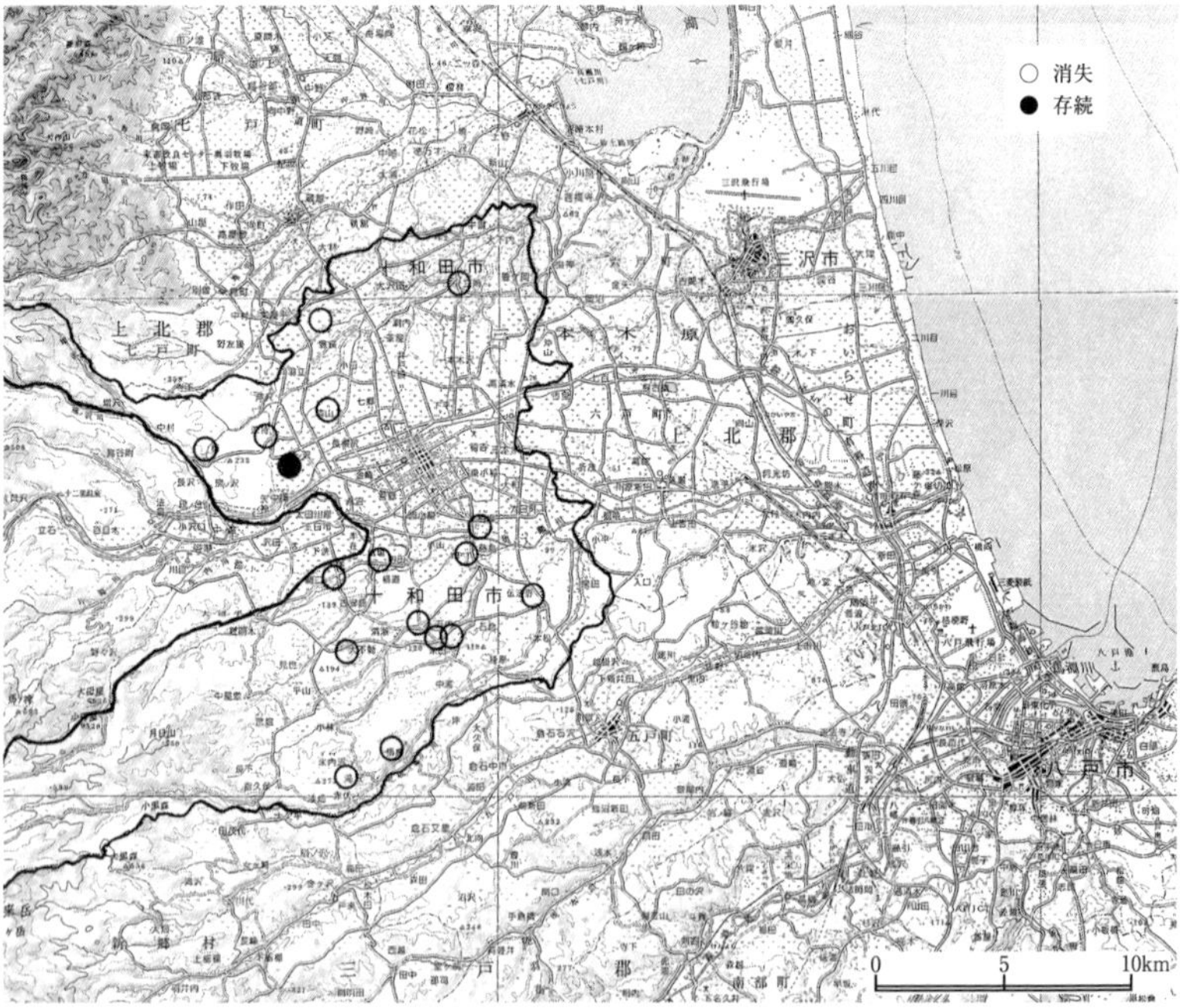

図31　消えた人形おくり（疫病おくり）①旧十和田市（2018 年現在）

（国土地理院発行『20万分の１地勢図』の「野辺地」「八戸」をベースとした）

た。消失の時期は明らかではありませんが、第二次世界大戦前後のことと思われます。この二つの図は、近年における「人形おくり」の急激な減少・消失を表しているのですが、別の見方をすれば、比較的最近まで「人形おくり」が各地で盛んに行われていたことを意味します。私たちの、ほんの一世代、二世代前の人たちは、ごく普通に「人形おくり」を体験し、見物していたのです。北東北の村々では「人形おくり」の光景は、ありふれたものだったのです。

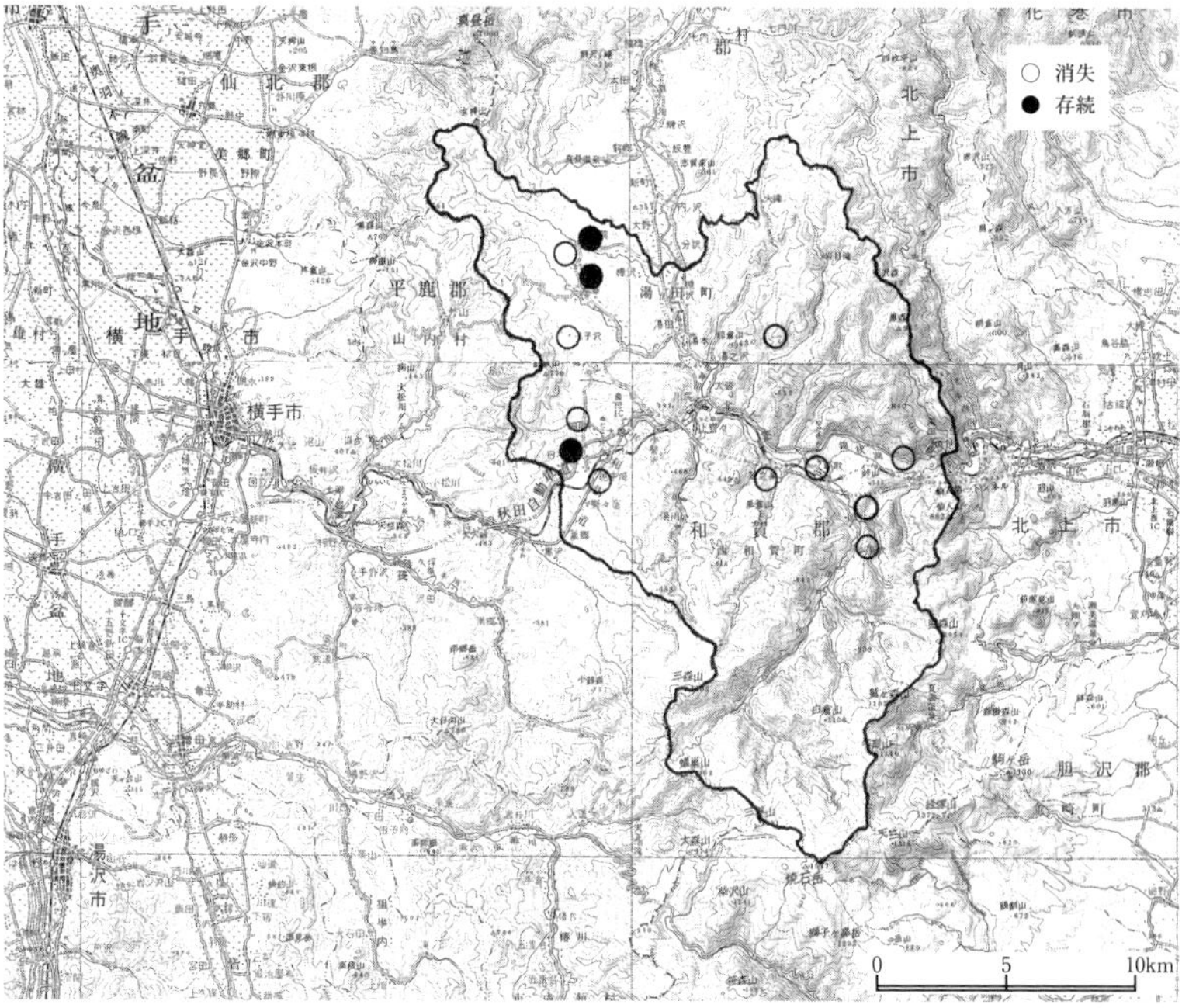

図32　消えた人形おくり（疫病おくり）②旧湯田町（2018 年現在）
（国土地理院発行『20万分の１地勢図』の「秋田」「新庄」をベースとした）

3　「人形おくり」と〝肩車〟（人形の運び方）

前節2①で述べたように「人形おくり」の分布と、〈ジンジョコ〉〈ニンニョコ〉の分布は重なります。このことは「人形おくり」の時、人形を運ぶ姿勢が肩車、又はそれに近いポーズになることから人形すなわち〈ジンジョコ〉〈ニンニョコ〉と名付けられた可能性があります。

①　モノの運搬と人形の運び方

それでは実際の「人形おくり」の時の人形の運び方を確認してみます。表8をご覧ください。これは筆者が北東北（青森、岩手、秋田）各地の「人形おくり」の現場を巡り、調べ、人形の運び方の違いにより分類し、まとめてみたものです。

一般に民俗学では、人力によるモノの運搬方法を下記のとおり五つに分類しています。

A　頭上運搬
B　背負い運搬
C　肩担《かつ》ぎ運搬
D　手持ち運搬
E　腰さげ運搬

表８　「人形おくり」の時の人形の運び方・姿勢

運び方（図）	地　　域	祭りの名称（人形の呼名）	大きさ（背丈）
(1)抱き抱える 	・青森県上北郡六ヵ所村平沼	しほうどめ・やめよげ （ジジョウ）	男 60cm 女 55cm
	・青森県上北郡東北町下清水目	にんぎょうおくり （ジンジョウ・ニンギョウ）	男 110cm 女 85cm
	・青森県南津軽郡田舎館村大曲	ぼうのかみおくり （ニンギョウ）	男 65cm 女 65cm
(2)抱き抱えたり片方の肩に乗せたりする 	・青森県三戸郡田子町飯豊	むしぼい・むしおくり （ワラニンギョウ）	男 165cm 女 165cm
	・秋田県大館市山田向館地区	じんじょまつり （ジンジョ）	男 144cm 女 125cm
(3)肩車（両肩） 	・青森県東津軽郡平内町浦田	にんぎょうおくり （ニンギョウ）	男 220cm 女 180cm
	・岩手県和賀郡西和賀町白木野	やくばらいにんぎょう （ワラニンギョウ）	男 126cm （一体のみ）
(4)背負う（今は車に乗せる場合多し） 	・青森県十和田市板の沢	にんぎょうゆり・にんぎょう様 じんじょうおくり （カヤニンギョウ・ジジョコ）	男 330cm 女 300cm
	・青森県下北郡東通村白糠	やめぼり （オニ・ジジョウ）	男 230cm （２体）
	・岩手県二戸市福田	にんぎょうまつり （ニンギョウ）	男 200cm 女 185cm
(5)棒を使い二人で担ぐ 	・岩手県二戸郡一戸町小鳥谷高屋敷	じんじょまつり （ジンジョウ）	男 165cm 女 135cm
	・岩手県二戸市浄法寺町山内	にんぎょうまつり （ニンギョウ）	男 155cm 女 155cm
	・岩手県二戸市浄法寺町大清水	にんぎょうまつり （ニンギョウ・ジンジョウ）	男 202cm 女 185cm
(6)棒に差し高く掲げる 	・岩手県久慈市枝成沢	むしまつり （ワラニンギョウ・ズンジョウ）	性別不明、チョンマゲがあることから男か？ 平均で 50cm ほど（15体） 棒の長さは２ｍぐらい

2009～2015年、筆者の臨地調査に基づく（聴き取り調査）

Aは京都の大原女《おおはらめ》や伊豆大島の女性の例が有名で、頭上にモノを載せ運ぶ歴史的には古い運搬方法です（図33）。

Bは背負梯子《せおいばしご》（背負子に同じ）や背負籠を使った例が典型的です。重い荷物を長時間運ぶのに適しています（図34）。

Cは直接、肩に担ぐ場合と、棒（天秤棒など）を使い担ぐ場合があります。日本で多様に発達し、歴史的には新しい運搬法と言われています。当然、肩車はこれに該当します（図35）。

Dは抱える場合と、さげる場合があります。

Eは比較的、軽量のモノを運ぶ場合に限られます。

表8の⑴～⑹が、A～Eのどれに当てはまるか確かめてみましょう。Aにはほとんど該当しませんが、強いて言えば⑶が近いと思います。Bの背負い運搬は⑷が、Cの肩担ぎ運搬は⑵⑶が、⑸も棒使用で該当しま

図33　頭上運搬

図34　背負い運搬

図35　肩担ぎ運搬

す。⑹も棒を使い、それを肩に立て掛ければCと見なすことができます。Dは⑴⑵が、手で抱えるので該当します。Eはこの表には該当するものはありません。

表8に見られるような運搬方法の違いは、何によって決まるのでしょうか？　一義的には人形の大きさ、背丈によるものと思われます。

小さな人形から大きな人形へ。⑴↓⑵、⑶↓⑷となります。⑴は一メートル未満、⑵⑶は一〜二メートル程度、⑷は二メートル以上です。⑸⑹は道具（棒）を用いていますが、やはり大きさによる使い分けがありそうです。

②「人形おくり」での肩車の実際

さて、では肩車の方言〈ジンジョコ〉〈ニンニョコ〉に繋がる運び方はどれでしょうか？　当然、⑶は該当します。現在、北東北では浦田《うらた》（青森県東津軽郡平内《ひらない》町）と、白木野《しらきの》（岩手県和賀郡西和賀町）で見ることができます。ただ、白木野の場合は写真で見ると頭上運搬にも見えます。筆者はこのことを地元の担当者に尋ねたところ「確かに頭の上に載せているが、それは人形の男性がジャマになり、肩車が難しいためだ」との答えでした。従ってこの場合も肩車が基本形と見てよいと思います（写真26、27）。

⑶については、前記の二カ所以外にも過去に存在した形跡があるので、四つ例をあげます（以下、ルビと傍線は筆者）。

a　**小田野沢（青森県下北郡東通《ひがしどおり》村）の〈ヤマイボイ〉（疫病おくり）**

（略）若者連中が両肩に男女のワラ人形を一体づつ肩車し、部落の家を一軒づつ訪問する。家に入る時は、縁側から土足のまま上がり込み、手に持った帚《ほうき》（トリシバの木で作られた箒）で、家中を打ちたたきながら歩き回る。この時、若者たちは、「悪霊よ出て行け」と奇声を上げながら、威かし、帚であたりを打たく。(3)

b　**有畑、鶏沢《にわとりさわ》（青森県上北郡横浜町）の〈ニンギョウマツリ〉（疫病おくり）**

（略）まず、人形づくりである。ワラでつくる。顔は紙をはり武者姿である。大きさは高さ六尺（百八十センチメートル）ぐらいで、三体（有畑）つくる。鶏沢では四体である。（略）その人形を若者が首にのせ両手で両足をつかんでかつぐ。そして村中の各家をまわりその家に行くと塩をまいて清める。(4)

c　**茂浦《もうら》（青森県東津軽郡平内町）の〈ニンギョウオクリ〉（疫病おくり）**

旧六月二十四日に行われ疫病除けを祈願した。現在は行われていない。ここの人形は（略）男女のワラ人形で、若者達が首に乗せて歩く。人形のほかに、ダシも出た。(5)

写真26　浦田のにんぎょうおくり
（青森県東津軽郡平内町浦田、2010.6.24）

写真27　白木野の厄払い人形
（岩手県和賀郡西和賀町白木野、2009.1.19）

d　飯豊《いいとよ》（青森県三戸郡田子町《たっこ》）の〈ムシボイ〉〈ムシオクリ〉（虫おくり）

　昭和三十五、六年頃、飯豊ではワラニンギョウを肩車で運んでいました。(6)（飯豊での現在の運び方は(2)の形となります＝筆者）

　飯豊の例で分かるように、人形の運び方は決して固定・不変のものではなく、時代や状況などの変化によって変わるものだということが分かります。

　現在、私たちは「人形おくり」の肩車の例を二つ（青森県平内町浦田、岩手県西和賀町白木野）しか知らず、特別なものと捉えがちですが、昔の人たちは意外と身近なところで普通に見聞きしていた可能性があります。

　又、(3)のような完全な肩車でなくとも、それに近いポーズの(2)(4)さらに(1)(5)(6)でも〈ジンジョコ〉〈ニンニョコ〉に繋がる可能性があります。

③　「人形おくり」は三つの成立条件を満たす

　ここで改めて、「人形おくり」（疫病おくりと虫おくり）の人形を成立条件1、条件2、条件3（Ⅵ章、九四頁）に当てはめてみます。条件1は、本章2節の①で示したとおり成立します。「人形おくり」は青森県のほぼ全域と、岩手県の北、中部に分布し、肩車の方言〈ジンジョコ〉〈ニンニョコ〉はその範囲内に収まります。条件2、条件3もほぼ完全に満たします。

ここで大切なことは「人形おくり」と〈ジンジョコ〉〈ニンニョコ〉の普及の時代が重なるということです。北東北での「人形おくり」の存在は、江戸時代まで溯ることができます。

江戸時代の中期に、北東北を遊歴し、多くの記録を遺した人物に菅江真澄《すがえますみ》（一七五四―一八二九）がいます。菅江真澄はその著書の中で、見聞したいくつかの「人形おくり」について記しています。南部、津軽、それぞれの記録を一つずつ挙げておきます。

まず南部の記述。天明八年（一七八八）六月二十六日に真澄が伊達領胆沢郡前沢から北上し、南部領に入った直後の様子です（傍線と括弧内は筆者）。

いくほどもなく南部との藩境にはいり、黒石（原文ママ）（現北上市黒岩）という村にくると、家ごとの門の柱の左右にわらの人形を作り、これに弓矢、剣をもたせ、しとぎのようなものを、そのくびに鈴のようにかけてあった。風邪などがはやるとこのような人形をつくり、(7)（後略）

津軽の記述は、寛政八年（一七九六）七月六日、十三湖方面から南下し森田村（現つがる市森田町）を通過したときの様子です（傍線は筆者）。

坂をくだって船岡、床前（床舞）、大館（以上森田村）とくると、むしおくりをするというので、人の形代（人形＝筆者）や、むしのかたしろをたくさんつくって持ち、いろいろな紙の幡を

風になびかせ、(8)（後略）

南部の記述は「疫病おくり」を、津軽の記述は「虫おくり」を表しています。もちろん菅江真澄のような外からの来訪者だけでなく、地元の人の記録、記述も存在します。

北東北において、「人形おくり」がいつ開始されたかは定かではありません。菅江の記録からすると少なくとも江戸中期には行われていたことは確かなことです。そして明治に入ってからも存続し、現在に至っているのです。同じように〈ジンジョコ〉〈ニンニョコ〉も江戸時代から使用され、現在に至っていることはⅡ章他で述べたとおりです。祭り（人形おくり）と言葉（〈ジンジョコ〉〈ニンニョコ〉）は、少なくとも三〇〇年近くにわたり同じ地域で共存してきたのです。両者の間に何らかの関係が存在しても不思議ではありません。

以上のことから、Ⅵ章で述べたように雛祭り以下の祭りや遊びは、「歴史が浅く存続期間が短い」、そして、「言葉の分布との重なりがほとんどない」などにより、とても〈ジンジョコ〉〈ニンニョコ〉の成立に関与できそうもありませんが、「人形おくり」と〈ジンジョコ〉〈ニンニョコ〉は結びつくと考えることができます。

④　再び、南部の〈ジンジョコ〉と津軽の〈ニンニョコ〉について

Ⅳ章3節で述べたとおり、南部の〈ジンジョコ〉と津軽の〈ニンニョコ〉は〝人形〟を意味する方

言です。〈ニンニョコ〉は言うまでもなく、〈ジンジョコ〉も言葉の転訛と理解すれば、〝人形〟の意味であることは容易に分かります。

ただ、〈ジンジョコ〉〈ニンニョコ〉ともに〝肩車〟を意味するということは少々、驚きです。南部と津軽は隣接した地域でありながら文化的に大きな違いがあります。ある意味、対照的な側面を持つ地域と目されてきました。〝肩車〟についてもそれぞれ全く別な系統の方言が存在しても不思議ではありません。ところが両地域とも、〝人形〟を意味する方言〈ジンジョコ〉と〈ニンニョコ〉をそれぞれ充てているのです。

このことは、両地域がまったく無関係に命名したのではなく、どちらかが、どちらかの影響を受けて命名したと考えるのが妥当と考えます。

言語学者の長尾勇氏は「B型分布」という言語地理学上の仮説を述べています。「他の土地で気のきいた新しい命名を耳にした人が、その俚語《りご》（方言）をそのまま記憶して戻らずに、命名の着想だけを心にとめて帰り、同じ着想で新しい俚語（方言）をつくりあげる」[9]（傍点と括弧内は筆者）つまり「言葉そのまま」を伝えるのではなく、「言葉の着想（意味）」を伝え、それが元となって新しい方言がつくられ、新たな方言の分布が生ずるということなのです。

これを〈ジンジョコ〉と〈ニンニョコ〉の関係にあてはめてみます。

例えば、津軽の人間が、

「南部の連中は、〝肩車〟のことを〈ジンジョコ〉と言っている。なかなか理にかなった面白い呼び方だ。ただ、津軽では〈ジンジョコ〉は通じない。〈ジンジョコ〉は津軽で言う〈ニンニョコ〉（ニンギョコ）のことだ。こちらでは〝肩車〟を〈ニンニョコ〉と呼ぶことにするか…」と、そんなイメージです。他地域の方言の命名の方法に共感した結果と言えましょう。尚、この共感の根底には、単に言葉の上のことだけでなく、両地域に共通する文化、習俗の存在があったと筆者は考えます。その文化、習俗の一つが「人形おくり」すなわち「疫病おくり」と「虫おくり」だったと思うのです。

昔、津軽と南部の藩境に位置する馬門《まかど》（上北郡野辺地町馬門）という南部側の村で、次のような事件があったということです。昭和初期の話です。（傍点は筆者）

六月二四日は、病い送り（疫病送り）を行う。（略）

青年団を中心に約一〇人程が、藁で等身大の人形を男女一体ずつ（夫婦ともいう）作る。（略）家々を回り終えると、この人形を津軽との藩境であった「四ツ森」と「古戦

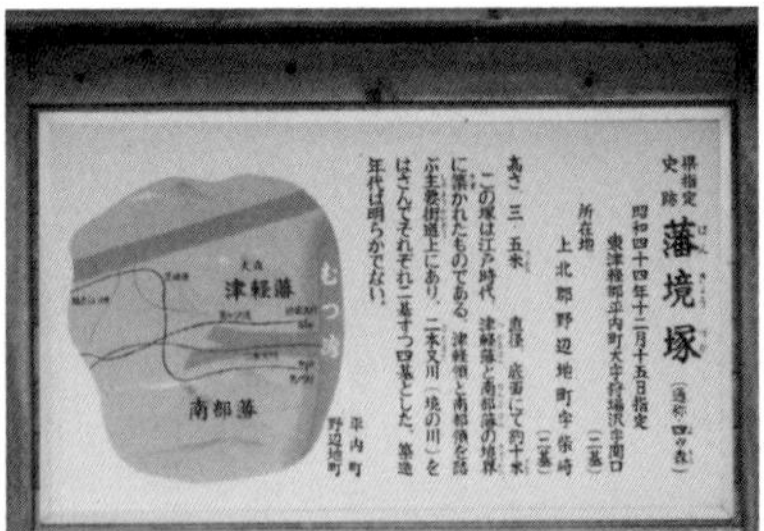

写真28　津軽と南部の藩境塚の案内板

（青森県東津軽郡平内町、2010）

写真29　津軽と南部の藩境塚

小川を挟んで手前が南部、向こうが津軽。塚と石碑が見える。右側は陸奥湾。

（青森県上北郡野辺地町、2010）

場」に持って行く。（略）四ツ森では、津軽の狩場沢（かりばさわ・東津軽郡平内町狩場沢＝筆者）の方からも人形を送りに来るので、若者同士が石など投げ合って喧嘩したこともあったという。[10]

津軽と南部の若者たちはケンカをしていますが、「疫病おくり」という習俗、文化をしっかりと共有しているのです。この文化の共有の上に肩車の方言、〈ジンジョコ〉と〈ニンニョコ〉が成立したのです（写真28、29）。

Ⅷ　〈ジンジョコ〉と「オシラサマ」

1　「オシラサマ」とは？

筆者は〈ジンジョコ〉成立の背景には、「人形おくり」だけでなく「オシラサマ」の存在もあったと考えています。一つの方言の成立の要因や事情は必ずしも一つとは限りません。Ⅴ章1節の〈サルマニンギョ〉では猿回しと操り人形が、同章3節の〈ダイコクボンボ〉では山車祭りの人形と土人形が可能性があるとしました。複数の要因、事情も考えられるのです。

まず「オシラサマ」とは何でしょう？　「オシラサマ」は東北固有の民間信仰で、特に北東北に濃密に分布することはよく知られていることです。柳田国男の『遠野物語』に「オシラサマ」のことが印象深く記されています。

六九（前略）此老女の語りしには、昔ある処に貧しき百姓あり。妻は無くて美しき娘あり。又一匹の馬を養ふ。娘此馬を愛して夜《ヨル》になれば厩舎《ウマヤ》に行きて寝《イ》ね、終に馬と夫婦に成れり。或夜父は此事を知りて、其次の日に娘には知らせず、馬を連《ツ》れ出して桑の木につり下げて殺したり。その夜娘は馬の居らぬより父に尋ねて此事を知り、驚き悲しみて桑の木の下に行き、死したる馬の首に縋りて泣きゐたりしを、父は之を悪《ニク》みて斧を以て後《ウシロ》より馬の首を切り落せしに、忽ち娘は其首に乗りたるまゝ天に昇り去れり。オシラサマと云ふは此時より成りたる神なり。馬をつり下げたる桑の枝にて其神の像を作る。(11)（後略）

これは馬と娘の恋物語であり、桑の木が関わることから蚕、すなわち養蚕神と考えられることもあります。ただ、「オシラサマ」の性格や起源については諸説あり、現在も定説はありません（写真30）。

ここで北東北の「オシラサマ」の一般的な特徴を挙げておきます。

(1)　二本の木の棒（三〇センチメートルほど）にそれぞれ男女又は馬と娘の顔を刻み、二体一組の神像としている。

(2)　(1)に布をまとい、頭部も含め全体を覆う包頭衣《ほうとうい》型と、頭部を布から出す貫頭衣《かんとうい》型の二種類がある。布はオセンタクと呼ばれ、毎年、祭日に古いオセンタクの上に追加される場合が多い。結果として「オシラサマ」は厚い衣をまとう。

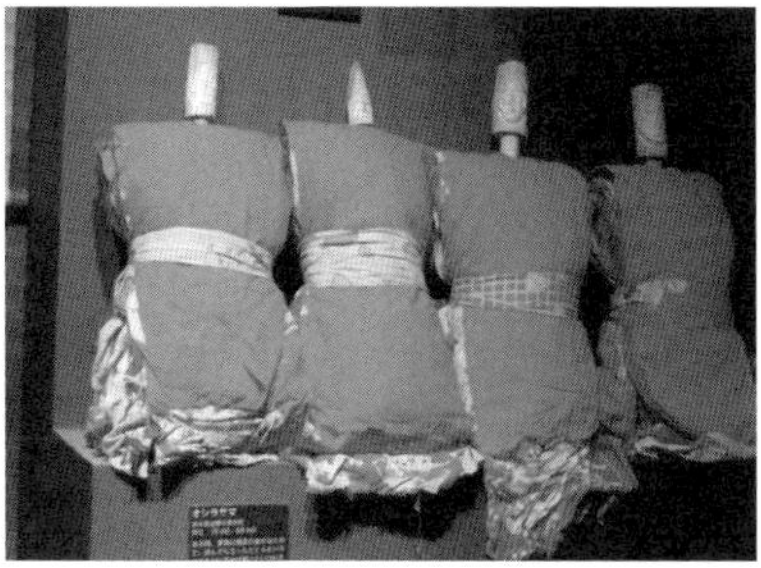

写真30　オシラサマ（貫頭衣型）
（遠野市立博物館所蔵、2018）

(3) 祭日に家の主婦や巫女《みこ》（イタコ、オガミサンなど）が手に持って揺すったり、子供におんぶさせたりして祭る。このことをオシラアソビ（オシラサマアソバセ、オシラボロキ）と言う。

(4) 祭日は正月、三月、九月の十六日が多い。

(5) 一般に養蚕の神や家の神と言われるが、他に眼、火伏せ、農業、漁業、子供などの神としている所も多い。

(6) 「オシラサマ」を祭る家では幾つかの禁忌《きんき》があり、それを破ると口が曲がるなど「トガメ」がある。「オシラサマ」はトガメル神とも言われる。

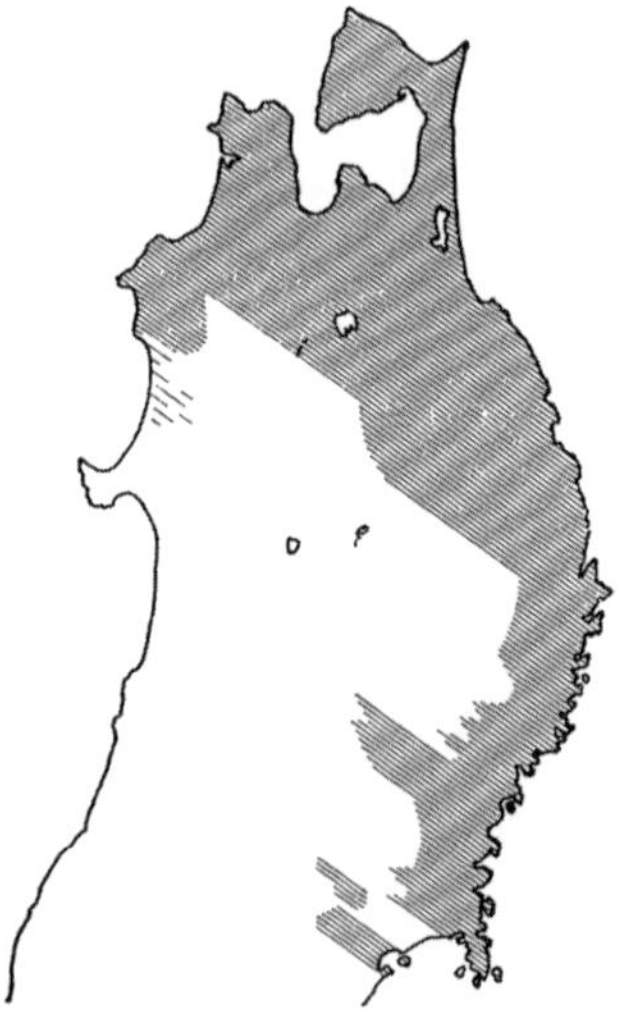

図36 東北地方におけるオシラサマの分布
（楠正弘『下北の宗教』未来社、1968、p137）

2 「オシラサマ」の分布

「オシラサマ」は図36で分かるように青森県、岩手県を中心とし、秋田県、宮城県の一部にも分布します。呼称は「オシラサマ」が一般的ですが、「オッシャサマ」「カバカワサマ」「カノキジンジョ」

など地域による違いもあります。

この図はあくまでも分布の概要を示したものです。例えば岩手県の内陸部は白抜きになっていますが、全くないということではありません。薄く分布しています。又、図36の範囲外でも、山形県の庄内地方の「オコナイサマ」、最上、村山地方の「トドコサマ」「トドサマ」、そして福島県の「オシンメイサマ」など、「オシラサマ」とは少し性格を異にしますが、「オシラサマ」とほぼ同類とみなされている民間信仰もあります。

3　「オシラサマ」のおんぶ

さて「オシラサマ」と肩車の関係はどうでしょうか。注目したいのは「オシラサマ」の祭り・行事の中に、子供（時には大人も）が「オシラサマ」をおんぶするという行為があることです（写真31）。おんぶと肩車はⅦ章3節で見たとおり、それぞれ背負い運搬と肩担ぎ運搬に分類されますが、おんぶと肩車は背から肩へと連続して繋がっており、容易におんぶという行為から肩車を想像することができます。

図37は「オシラサマ」のおんぶの分布を表しています。青森、

写真31　子供のおんぶ（南部地方）
種市町（現洋野町種市）の様子
（酒井久男『種市町のむかし探訪』種市町歴史民俗資料館、2004年、p119）

岩手両県の市町村史誌、各種調査報告書などで調べたのですが、「オシラアソビ」についての言及があっても、何故か、おんぶの説明にまで及んでいない場合がしばしばあるのです。しかし、おんぶの説明がないからといって「おんぶはない」とは言い切れないのです。この分布図はあくまでも明確に「おんぶアリ」の記述があった場合のみ載せました。従って記述のない所でも存在の可能性があります。特に津軽地方はその可能性が高いと思います。

「オシラアソビ」では女性たちがよく車座になり、順番に「オシラサマ」を抱いたり、身体の悪いところに押しつけたり、頭や肩を叩いたり、おんぶしたり（大人も）、さらに「オシラサマ」と踊ったりすることがあります。「オシラサマ」との交流が濃密な身体的接触を伴い、仮に子供のおんぶが

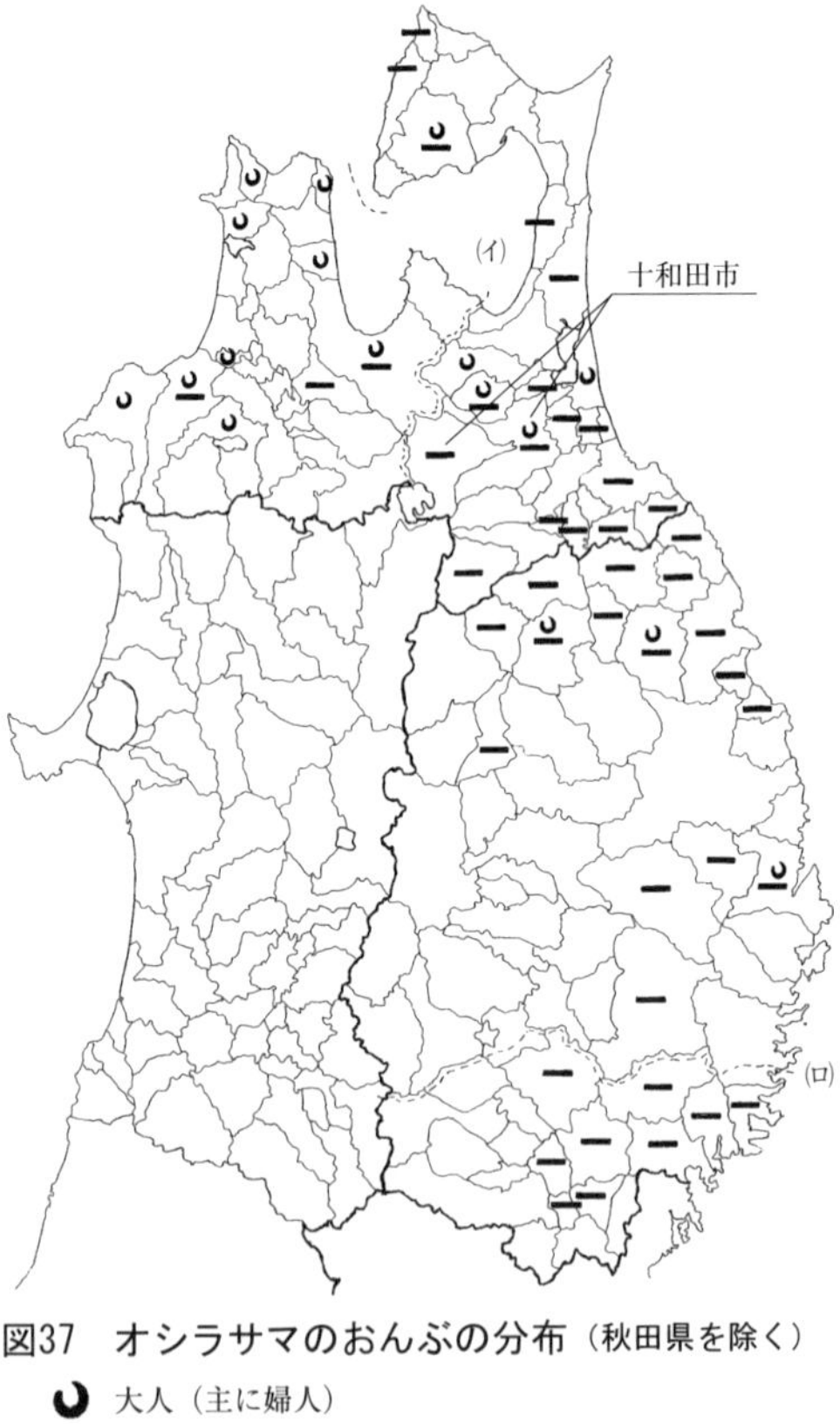

図37　オシラサマのおんぶの分布（秋田県を除く）

大人（主に婦人）
子供
藩境（(イ)は津軽と南部、(ロ)は南部と伊達の境）

なくとも、このことが肩車に繋がる可能性があるのです。

又、津軽地方では「オシラ講大祭」で有名な久渡寺《くどじ》（弘前）に、女性たちが「オシラサマ」を行李《こうり》に入れ背負って運んだり、岩木山のお山参詣や赤倉山の大祭の時に「オシラサマ」をおんぶして登ることがよく知られています。このことは昔、女性たちが村内の家々を「オシラサマ」をおんぶして勧《かん》進《じん》（ひろく信者に寄付を募ること）していたことの延長と捉えることもできます（写真32）。

柳田国男は「オシラサマ」のおんぶについて次のように述べています（傍線とルビ、括弧内は筆者）。

（前略）南部領の村々では、春の三月の十六日などに、小児がこのオシラ様を背に負うて、家から家へ遊びあるく姿を、前にはよく見かけたものだといふ。小児は恐らくは最初からの祭主では無かつたらう。古く家の神の信仰がまだ濃厚であつた頃には、家刀自《いえとうじ》（主婦）がこの木体を奉戴《ほうたい》（つつしんでいただくこと）して、遠近の有縁を勧進してあるくことが、神を怡（よろこ）ばしめ申す大切な作法ではなかつたらうか。石城（原文ママ）地方（福島県）のシンメ様の類例を知つてから、私は段々さう考へざるを得ぬやうになつた。「ほいと」が下賤な食を求める所行となり、家の格式と

写真32　大人のおんぶ（津軽地方）
岩木山のお山参詣の時の様子
（江田絹子『津軽のおがさまたち　民間信仰の旅』北方新社、1977年、p254）

相容れぬものと見られるやうになつて後、主婦は追々と是から身を引いて、先づ無心な小娘や男の子を代りに立て、更に一歩を進めては巧みな物語によつて、神の啓示を有効にするやうな、技術をもつた遊行女婦に、この任務を託することになつたのではあるまいか。(12)

柳田国男は「オシラサマ」のおんぶは、初め一家の主婦（大人）によって行われたが、次第に子供たちに譲るようになったとしています。そうであれば主婦（大人）によるおんぶは初期の姿であり、子供によるのは後の姿ということになります。現在、子供のおんぶが多いことを考えると納得のいく解釈だと思います。完全なものとは言えませんが、図37を見ると主婦（大人）のおんぶは津軽地方に多く、子供のおんぶは岩手県に多いように見えます。青森県の南部地方はその中間というところでしょうか。

小井川潤次郎氏は次のように述べています（傍線は筆者）。

オシラサマ

（前略）もともとは家の神様で遊行したがったものだが、オシラ勧進《かんじん》などと言ってこれを背負って遍路したらしく、津軽にはまだこの風習がのこっているが南部では子供等が近所隣をおぶって歩くだけだった。(13)

やはり津軽では婦人（大人）のおんぶが、南部では子供のおんぶが目立つということです。図37は不完全ながらも、このことを裏づけているものと思われます。

4　「オシラサマ」のおんぶの実態（十和田市）

子供による「オシラサマ」のおんぶはどのように行われたのでしょうか。十和田市（図37、一五六頁）を例に三つ見てみます。幸い十和田市の調査ではおんぶまで詳細に記されています。（傍線とルビ、括弧内は筆者）

(1)　畑山家（横道）

同家のオシラサマは二体で包頭型に属し、オヒナサマとも呼んでいる。ご神体の長さは二十四センチメートル（略）。

十五日（一月）の晩、神棚の神々を全部下におろし、ジョイ（常居）に作った棚に並べて飾った。ジョイと座敷を仕切る襖《ふすま》をしめ、いろいろな掛図をかけた。棚には燈明をともし、お供、粢《そなえ》（しとぎ・米粉で作った丸型の餅）、お神酒などを供え、十七日までそのまま飾っておいた。

十六日には子ども達にオシラサマをおぶわせた。子ども達は、着物を改め、口をすすぎ、チャンチャンコ（袖無し・袖のない丈の短い衣服）の間にはさんでおぶった。但し外へ出ることは許されなかった。十七日の夜は、コモリと称して村の年寄（ゴテ）《原文ママ》が集まって祭った。そして、十八日の朝、それぞれ持ち寄った餅を焼き、キナコ餅などにして神様と共食し、その後各神様をもと通り棚に納めた。

(2)　大　川　家（外ノ沢）

大川家では、二体のオシラサマを祀っている。桑の木の鉈《なた》削りの作で、長さ二十四〜二十五センチメートルあり、面部は平たく削られ、眼、鼻、口がそれぞれ墨でか、れている（略）。オシラサマはやはり旧正《（ママ）》十六日に遊ばせた（略）。

この日男も女も大勢集まり、ニワで踊りを踊ったりした。この日の料理とか酒はすべて大川家で賄《まかな》った。

十六日には、家の子供や近所の子供らが、オシラサマをおぶい、ソリのりなどして遊んだ。すると年寄り達が寄って来て、オシラサマで痛い所を撫でてくれろといった。そして肩、頭、胃、手足、腰、ヨッタ（股）、脛（すね）などをさすってもらった。

(3)　栗　山　家（向切田）

栗山家は（略）二体のオシラサマを祀っている。いつの頃か高屋家が焼けた時、同家から飛んで来たという（略）それを裏づけるかのように、二体ともはっきり焼けあとをしるしており（略）。ご神体は桑といわれ、焼きちぎれていない一体は、三十五センチメートル程もある大きなものである。（略）

同家ではこれを不断箱《(原文ママ)》の中に寄せかけて蓋をし、神棚に祀っているが、毎年小正月の十七日におろし、箱に立てたまま祭壇に飾った。この時、オボスナ様・観音様・子安様もいっしょに祭った。（略）この日は親戚のもののほか、村の年寄り達も集まってオシラサマを拝みかつ遊ばせた。昔は十七日の夜をコモリと称し、夜明けまでオシラサマを遊ばせたが、今は昼だけでとゞめているという。コモリの日に限りオシラサマはどのようにされても喜ぶものといわれ、よく子ども達におぶわせて家の中を歩かせた。家の孫だけでなく、誰でもおぶいたいものにはおぶわせた。(14)

「オシラサマ」の背丈は二五〜三五センチメートル程度、多くは布に包まれており、子供がおんぶするには適当な大きさです。

十和田市の調査では、明確におんぶが記されているのは、調査対象七五戸中三九戸で、おんぶを明らかに行っていないのは八戸のみです。残り二八戸は不明ですが、おんぶがゼロということはないでしょう。従って少なくとも三九戸以上にはおんぶが存在したのです。つまり十和田市では、大半の地区、そして家庭で「オシラサマ」のおんぶがあったということになります。

この十和田市の例と図37（一五六頁）を併せて考えますと、北東北では子供も大人もオシラサマのおんぶは極めて身近な光景だった可能性が高いのです。

5　〈カノキジンジョ〉のこと

表9は「オシラサマ」のことをジンジョ名を入れて、正式な呼び名としている地域の一覧で、図38はその分布図です。

〈〇〇〇ジンジョ〉の多くは、語の前半に〈クワノキ〉〈カノキ〉〈カヌキ〉を冠しており、意味は「桑の木で作ったジンジョ」ということです。

〈ジンジョ〉という方言は、それを使用する地域の人々にとって極めて身近で、親しみのある言葉です。この言葉を入れて「オシラサマ」を表すということは、「オシラサマ」を敬して遠ざけるのではなく身近で親しみのある神として祭ろうとする意思の表れとも見ることができます。このような言葉を通しての親近感や、「オシラアソビ」（子供のおんぶも含め）での身体を通しての濃密な接触が「オシラサマ」を〝肩車〟に結びつけた可能性があります。

終わりに「オシラサマ」を条件1から条件3に当てはめてみます。条件1は満たします。すなわち「東北地方におけるオシラサマの分布」（図36、一五四頁）と、「オシラサマのおんぶの分布」（図37、一五六頁）は〈ジンジョコ〉〈ニンニョコ〉の分布と重なります（図30①、③、一三七頁）。そして「オシラサマを〈ジンジョ〉を入れて正式な呼び名としている地域の分布」（図38）は、〈ジンジョコ〉の分布と重なります。条件2、条件3も満たします。以上のことから「オシラサマ」は「人形お

表9　オシラサマを〈ジンジョ〉を入れて正式な呼び名としている地域

地域		呼び名
青森県	上北郡六ヵ所村尾駮	ジジョコ
	上北郡東北町	クワノキヂジョ
	上北郡甲地《かっち》町（現東北町長久保付近）	カーノキジンジョウ
	十和田市	オシラジンジョ
	三戸郡五戸町	カノギジンジョ
	三戸郡名川町（現南部町名久井付近）	ジジョコ、ジジョサマ
	八戸市	カノキジンジョ
岩手県	九戸郡九戸村	カー（桑）の木ジンジョウ（人像）
	九戸郡大野村（現洋野町大野）	カノキジンジョウ
	下閉伊郡田野畑村菅ノ窪	カノキジンジョ
	下閉伊郡川井村（現宮古市川井）	カノキジンジョウ
	下閉伊郡新里村（現宮古市茂市付近）	カノキジンジョ
	宮古市鍬ヶ崎	カーノキジンジョ
	下閉伊郡山田町織笠田子ノ木	カノキジンゾ
	上閉伊郡大槌町	カヌキズンゾウ、桑ノ木ズンゾウ、カノキズンゾウ
	釜石市甲子町松倉	芳右エ門地蔵
	釜石市甲子《かっし》町大松 〃　栗林町沢田	カヌキ地蔵
	釜石市甲子町一の渡、大松	ゴヒ地蔵
	釜石市橋野中村 〃　鵜住居箱崎	カノキジンゾウ、クワノキジンゾウ
	遠野市土淵町	クワノキジンジョ

※呼び名の表記は引用文献の表記どおりとした。

くり」とともに〈ジンジョコ〉〈ニンニョコ〉成立の重要な要因になると考えます。

尚、「人形おくり」と「オシラサマ」とでは、それぞれの性格が異なり、方言形成の役割も違っていたと思われます。「人形おくり」は一般に、村落全員参加の規模の大きい祭り・行事であるのに対して、「オシラサマ」は各家庭や近隣、親族が中心で、且つ女性、子供が主に関わるという、やや内向きで規模の小さい祭りでした。

従って〈ジンジョコ〉〈ニンニョコ〉形成の場合、「人形おくり」の影響が主で、「オシラサマ」は従であったと考えられます。「オシラサマ」は小さな神様ですが、方言形成に少なからぬ影響を与えたと思われます。

図38　オシラサマを〈ジンジョ〉を入れて正式な呼び名としている地域の分布

------ 藩境（(イ)は津軽と南部、(ロ)は南部と伊達の境）

Ⅸ　北海道の謎

次に北海道について考えてみたいと思います。北海道の渡島半島南部に〈ジンジョ〉系方言が分布することはⅡ章2節「〈ジンジョコ〉の分布について」（三五頁）で指摘したとおりです。詳しくは図7（三〇頁）及び詳細図（一八〇頁）をご覧ください。

分布の箇所は、表10のとおり四カ所で、渡島半島南東部の亀田半島地域に集中しています。現在の行政区では函館市（二）、七飯《ななえ》町（一）、鹿部《しかべ》町（一）となります。この分布を見ると、津軽海峡の対岸の下北半島（南部地方）との繋がりが推測されます。

1　「人形おくり」や「オシラサマ」は北海道にあったのか？

今まで本州（北東北）の〈ジンジョコ〉分布の背景には「人形おくり」と「オシラサマ」という二

表10　北海道の〈ジンジョ〉系方言の一覧（『日本言語地図』より作成）

都道府県	名　称	調　査　地　点　名
北海道	ジンジョコ	茅部《かやべ》郡鹿部村字鹿部（現鹿部町鹿部）
北海道	ジンジョコ	亀田郡七飯町字本町
北海道	ジンジョコダチ	亀田郡銭亀沢村字志海苔（現函館市志海苔《しのり》町）
北海道	ジンジョコ	亀田郡椴法華《とどほっけ》村字浜町（現函館市浜町）

つの祭り・行事があったとしましたが、北海道にも同様のことがあったのでしょうか？

北海道の祭り・行事については、アイヌ民族の例はたくさん報告されているのですが、本州から渡航した和人についての報告はあまり多くはありません。「人形おくり」についての研究報告は探すことができませんでした。おそらく「人形おくり」はなかったものと思われます。ただ、「オシラサマ」についての研究報告は二、三あります。昭和五〇年代に行われた民俗調査によると、渡島半島南部の津軽海峡沿いの五市町村（現在は二市一町・函館市、北斗市、福島町）で二〇〇体を超える「オシラサマ（オーシラサン）」が確認されています。[15]

「オシラサマ」本体の多くは、南部、津軽地方の人々が北海道に渡航（移住、婚姻など）する際、元の家から分霊してもらったものでした。従ってその祭儀（祭りの儀式や方法）は南部や津軽の方式に準じていました。祭日（月の十六日）やイタコの関与、「オシラアソビ」などで共通の部分はありますが、欠落したり、簡略化したところも目につきます。たとえば〈ジンジョコ〉との関連で注目したい「子供のおんぶ」についての言及はまったくありません。おそらく「子供のおんぶ」はなかったと思われます。仮に移住当初はあったとしても、その後消滅してしまった可能性が高いのです。

以上のことから北海道の〈ジンジョコ〉の分布と「人形おくり」「オシラサマ」すなわち祭り・行事との関連はなかったものと思われます。

本州から渡島半島南部への移住については後述しますが、ほとんどは個人、又は数名程度のグループの移住が主で、数十名とか、村を挙げてとかという集団的な移住はほとんどなかったと思われます。

従って集団・共同体的行事の色彩の強い「人形おくり」の導入は難しく、それに比べ個人や家族を単位とする「オシラサマ」は比較的容易だったと思われます。

2　和人の渡航の歴史

それでは亀田半島に〈ジンジョコ〉をもたらしたのは何だったのか？

筆者は、方言の話し手である下北半島の人々が、居住のため渡航したことに原因があると考えています。

北海道にはアイヌという先住民族がいましたが、和人が北海道に渡ったのはいつ頃のことでしょうか？　詳細は不明ですが、平安時代末期から鎌倉時代初期という見方があります。文治五年（一一八九）に奥州藤原氏が滅び、その残党が海峡を渡っています。又、鎌倉時代に入ると北海道は流刑地とされ、本州から罪人が少なからず渡航しています。

これらとは別に一般人の渡航もあったはずですが、文献には記されていません。

北海道は漁業資源の宝庫です。まずこれを目指したのは、海峡を挟んで指呼の間にあった下北半島と津軽半島の漁民たちだったはずです。下北の漁民は亀田半島へ、津軽の漁民は松前半島へ渡ったと思われます（図39、一七一頁）。

江戸時代の松前藩の史書『新羅之記録《しんらのきろく》』に次のような記述があります。

内海ノ之宇《ウ》須《ス》岸被《レシ》レ攻ニ一破夷賊ニ一事者有ニ志《シ》濃《ノ》里《リ》ノ之鍛冶屋村ニ家数百一康正二年ノ春(16)

内容は「康正二年（一四五六年、室町時代）に内海（函館湾付近、又は津軽海峡）の宇《ウ》須《ス》岸《ケシ》（現函館）が夷賊（アイヌ）に攻め破られた時、志《シ》濃《ノ》里《リ》（現函館近郊の志海苔）の鍛冶村には数百軒の家屋があった」ということです。

一五世紀中頃、函館近辺に鍛冶屋を中心とする数百軒の家屋（少し誇張があるかもしれません）があったということは驚きですが、このような集落は、一挙にして成ったのではなく、その先駆として対岸の下北、津軽の漁民たちを中心とする人々の活動と貢献があったことが想像されます。

3　南部地方からの渡航

そして江戸時代に入ると、わずかですが一般の人々の渡来、来歴も記録されるようになります。

a　江戸時代　前半

次の表は『鹿部町史』に記されていると言われる亀田半島の町村についての記録(17)の一部です。

森　町	慶長六年（一六〇一）	鷲ノ木に和人来住。
鹿部《しかべ》町	元和元年（一六一五）	南部の下北大間地方の人、司馬宇兵衛来住。
椴法華《とどほっけ》村	明暦元年（一六五五）	能登の与五左衛門が尾札部より元村に移住。
尾札部《おさつべ》村	延宝五年（一六七七）	能登の飯田屋与五左衛門が砂原より八木浜に来住。
大野村	元禄年間（一六八八〜一七〇四）	およそ元禄年間には和人の来住あり。
臼尻《うすじり》村	享保三年（一七一八）	南部佐井村の東出屋多五衛門が横澗《よこま》に来住。
恵山《えさん》町	享保五年（一七二〇）	南部の人、西村善次郎来住。

以上、七町村の記録ですが、下北半島（南部）からの移住者が多かったであろうことが窺われます。江戸時代の後半、さらに明治以降も渡航は続きます。次に、二〇〇三年に豊島秀範氏の行った亀田半島沿岸町村での聴き取り調査の結果を挙げておきます。

b　江戸時代　後半以降[18]

(1)尾札部村（現函館市尾札部町）

●A夫婦について。夫の祖父は下北郡佐井《さい》村出身。妻の先祖は明治以降に旧南部藩領（現在のJR盛岡駅付近）から函館に渡った。下北からは今でも嫁に来るなど交流あり。

●O家の先祖も下北の佐井から来た。二〇〇年経っている。O家から志海苔《しのり》の名主が出ている。

●佐井村S家の娘が函館市内にある亀田八幡宮（亀田郷の総鎮守）に養女として入っている。尾札部の祭礼の時、その八幡宮がやってくる。

●尾札部の鉱山は南部山師が開いた。

●天保年間（一八三〇―一八四四）に岩手の大槌の人たちによって大型の定置網（大謀網《だいぼう》）がもたらされた。そのため尾札部の南部方言が周辺と違っていた。

●尾札部神社は南部二戸町（現岩手県二戸市）の呑香（とんこう）稲荷を勧請したもの。

●南部神楽は下北からの出稼ぎ者が伝えた。もう一つ、久慈→横浜（青森県上北郡）→尾札部のルートで入ってきた神楽もある。

●鱈《たら》釣り漁は一八世紀半ばから始まった。下北の脇野沢《わきのさわ》の人々が伝えた。

(2)鹿部町（現茅部《かやべ》郡鹿部町）

●「芸能、奴ッ子振り」は青年団が継承してきた。八戸との繋がりが考えられる。

●下北から来たM氏が鰊《にしん》の大謀網漁を大岩地区で始めた。

(3)森　町（現茅部郡森町）

●K氏は、父で四代目の森町の旧家。K家の先祖は南部から来た。二戸のK氏が「先祖は一戸だと思う」といったので訪ねてみた。同姓の方はいたがルーツは不明だった。K家は渡来当時は鍛冶屋だった。

わずか三町村の例ですが、この地域が対岸の下北半島はもちろん、広く南部地方（青森県八戸、横浜、岩手県盛岡、久慈、二戸、一戸、大槌）と深い繋がりがあったことが窺えます。

渡航者は、漁業はもちろんですが、他の職種にも従事し、社会の各層に入り活動していたことが分かります。寺社の建立や祭りの導入など、地域の文化活動にも深く関わっています。豊島氏は亀田半島には南部の人々が、松前半島には津軽の人々が、主に渡来したとしています。このことからも亀田半島には、下北半島を中心とする南部地方の人々が直接渡来して、南部方言である〈ジンジョコ〉をもたらしたものと考えられます（図39）。

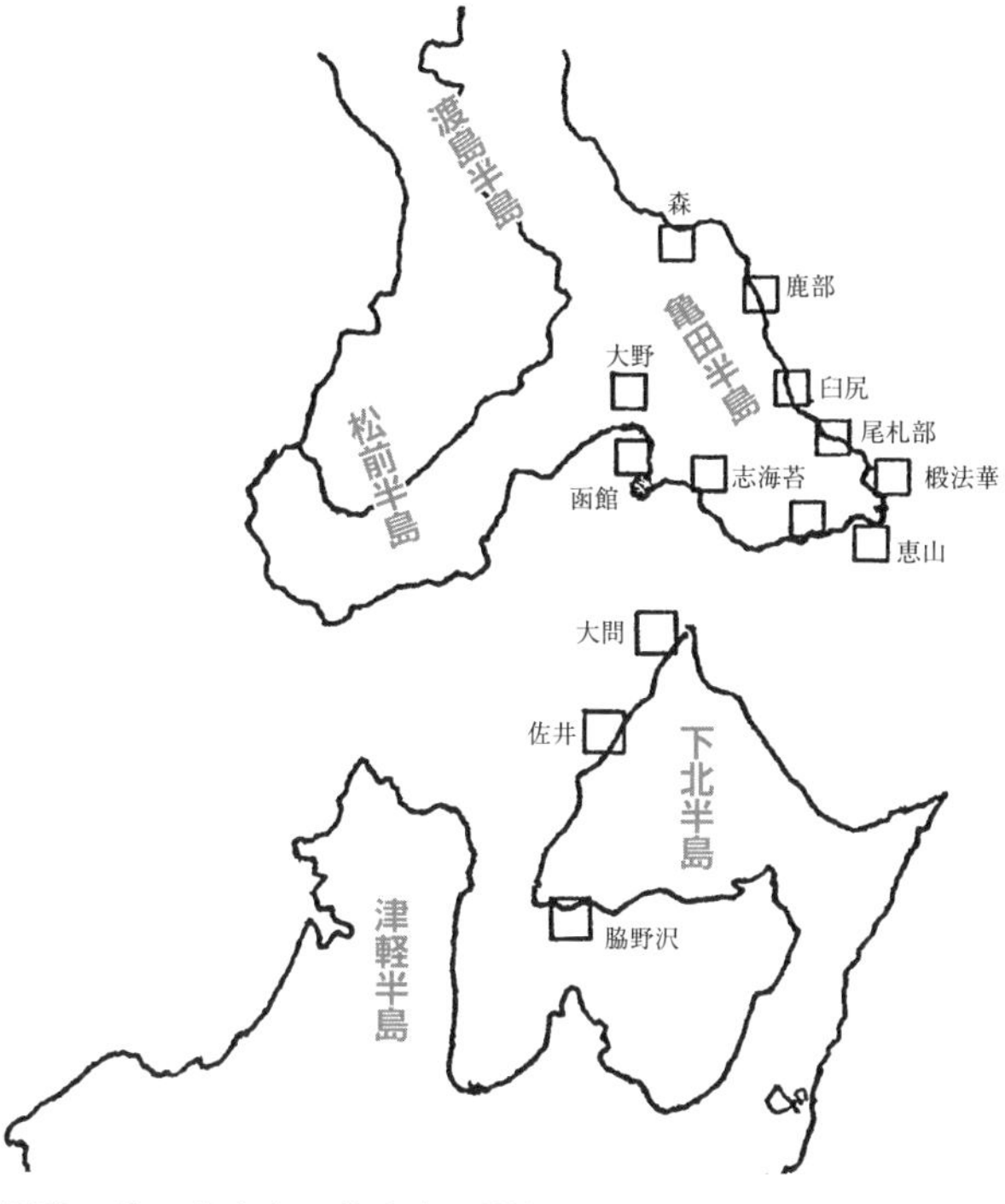

図39　亀田半島と下北半島の関係

Ⅸ章３節に記されている両半島の市町村を載せた。

4　語彙（単語）だけでなく、文法（語法）も一致

本書では〈ジンジョコ〉という単語を取り上げたのですが、この単語以外の文法、語法などでも両地域の繋がりが深いことが分かります。

たとえば「〜から」（用例：お日様が照るから作物が育つ）の方言形を見ると図40、図41のとおりです。渡島半島全体では〈〜スケ〉（上北・三戸方言）が優勢ですが、亀田半島では〈〜ステ〉（下北方言）が、松前半島では〈〜ハンデ〉（津軽方言）が目立ちます。一般に個々の語彙の一致よりも文法、語法の一致の方が関係地域の結びつきの強さを表していると言われています。

北海道の謎の答えは、方言を話す人々の渡航にあったのです。

図40　北海道南部の〈〜カラ〉方言の分布
（石垣福雄『日本語と北海道方言』北海道新聞社、1976、p94）

図41　青森県の〈〜カラ〉方言の分布
（石垣福雄『日本語と北海道方言』北海道新聞社、1976、p93）

X　まとめ

1　〈ジンジョコ〉（方言）はどこで発生したか？

〈ジンジョコ〉は本州では、青森県東部の下北郡、上北郡、三戸郡（八戸を含む）の大部分に分布し、岩手県では北部沿岸の九戸郡の一部（種市、久慈、野田）に分布し、その背景には「人形おくり」すなわち「疫病おくり」「虫おくり」が、そして「オシラサマ」があったことはⅦ章から述べてきたとおりです。

それでは、この〈ジンジョコ〉はどこで発生したのか？

筆者は青森県の上北郡が、その可能性が最も高いと考えています。

その理由の一つは表1（三四頁）から読み取れることで、上北は〈ジンジョコ〉分布、一六カ所中八カ所を占め、他を（下北三、三戸二、九戸三）大きく引き離しています。

二つ目は、図7（三〇頁）と図42から判ることですが、上北は〈ジンジョコ〉分布地域のほぼ中・間に位置します。別な言い方をしますと、上北から下北方面への距離と、同じく上北から三戸、九戸方面への距離がほぼ等しくなります。又、津軽の〈ニンニョコ〉がⅦ章3節の④（一四八頁）で述べたように、南部の〈ジンジョコ〉と何らかの関係があったとすれば、距離的に近い上北との関係の可能性が強かったはずです。図42のように津軽も含めた〈ジンジョコ〉〈ニンニョコ〉地域の中心に上北が位置するのです。

以上のことから、上北の「分布の濃さ」と「地理的な中心性」が、〈ジンジョコ〉の発祥地であることを物語っているのではないでしょうか。

図42　〈ジンジョコ〉〈ニンニョコ〉の分布範囲と上北郡の位置

2　「人形おくり」や「オシラサマ」との関係

すでにⅦ、Ⅷ章で両者の関係は述べていますが、ここで改めてそれをまとめておきます。

① 人形の運び方、扱い方が結びつく

「人形おくり」には肩車（肩担ぎ運搬）で運ぶ例がありました。又、完全な肩車ではありませんが、肩車の連想に繋がるおんぶ（背負い運搬）などの例が非常に多い。

「オシラサマ」では、子供や女性のおんぶを中心に、肩車に繋がる様々な運び方や仕草があります。

② 分布が重なる（北海道は除く）

「人形おくり」「オシラサマ」の分布と〈ジンジョコ〉〈ニンニョコ〉の分布の相当部分が重なります（図30、一三七頁）。人形を伴う他の祭りや行事がほとんど〈ジンジョコ〉〈ニンニョコ〉と重ならないことを考えると、このことはやはり特筆すべきことだと思います。

③ 歴史を共有する

「人形おくり」「オシラサマ」ともに、その普及の歴史は江戸時代まで溯れます。方言である〈ジンジョコ〉〈ニンニョコ〉もまったく同じです。両者は近代の荒波を乗り越え、共に現代まで存続してきたのです。しかし今、この両者のつながりと関係を知る人はほとんどいません。「人形おくり」「オシラサマ」以外にも人形を伴う祭り、行事などはあるのですが、存続期間が短い、歴史が浅い（新しい）などのため、とても〈ジンジョコ〉〈ニンニョコ〉という言葉を育む力はなかったと思われます。

〈ジンジョコ〉及び〈ニンニョコ〉は、「人形おくり」や「オシラサマ」によってはぐくみ育てられ

た方言なのです。

3　これまでを振り返って

本書では、「ジンジョコの謎」という表題のもと、〈ジンジョコ〉という方言の成り立ちについて論じてきました。最後に論を閉じるにあたり、本書の構成、文脈の中で、特に重要な部分（内容）を四つ挙げておきます。

(1)　肩車の方言は「分布範囲の広い方言」と、「分布範囲の狭い方言」に分けることができる。〈ジンジョコ〉は「分布範囲の狭い方言」に属し、そのことは、即ち、地域文化を強く反映した方言である可能性を示唆している。

(2)　〈ジンジョコ〉の語源については「地蔵説」と「人形説」がある。筆者は地蔵や人形に関わる民俗や信仰の実態や、地域の人々の方言に対する意識等から「人形説」を採った。

(3)　〈ジンジョコ〉の語源は人形であるとしたが、それが「個別、具体的」なものか、「抽象、一般的」なものか、論議の分かれるところである。筆者は、新潟の〈サルマニンギョ〉や富山の〈デクボンホ〉等の例から推測し、「個別、具体的」な人形であると考えた。

(4)「三つの成立条件」〈ジンジョコ〉が、それぞれの「個別、具体的」な人形と結びつくと言えるのは、「三つの成立条件」が揃った場合である。特に、条件1の〝分布の重なり、一致〟が大事である。

東北に伝わる、人形を伴う多くの祭りや遊びは、この「三つの成立条件」を満たせなかったが「人形おくり」と「オシラサマ」はそれを十分に満たしている。

以上の四つは、本書の論旨展開の中で重要な要、結び目にもなり、結果として「ジンジョコの謎」の解明に繫がりました。〈ジンジョコ〉は「人形おくり」と「オシラサマ」という北東北の風土を色濃く反映した祭り・行事と深く結びついていたのです。

〈注〉

(1) 高屋敷町内会『奥州街道　むら　高屋敷』(白ゆり、二〇一〇年、一四〜一五頁)。

(2) 岩手県立博物館編『岩手民間信仰事典』(岩手県文化振興事業団、一九九一年、七〇頁)。

(3) 青森県立郷土館『小田野沢の民俗』(青森県立郷土館、一九八三年、一〇七頁)。

(4) 青森県立郷土館『鶏沢・有畑・浜田の民俗』(青森県立郷土館、一九八〇年、一〇三頁)。

（5）青森県立郷土館『浦田の民俗』（青森県立郷土館、一九八一年、九一頁）。
（6）筆者が地元の七〇代の男性から聴取、二〇一一年。
（7）内田武志・宮本常一編訳『菅江真澄遊覧記2（東洋文庫）』（平凡社、一九六六年、八六頁）
（8）内田武志・宮本常一編訳『菅江真澄遊覧記3（東洋文庫）』（平凡社、一九六七年、二一二頁）
（9）長尾勇「俚語に関する多元的発生の仮説」（『国語学』27輯、国語学会、一九五六年、三一一頁）。
（10）宮良高弘編『野辺地の社会と民俗◉馬門の事例』（青森県上北郡野辺地町・北海道みんぞく文化研究会、一九八九年、三二八頁）
（11）柳田国男「遠野物語六十九」（『柳田國男全集』第二巻、筑摩書房、一九九七年、三四頁）
（12）柳田国男「大白神考」（『柳田國男全集』第一九巻、筑摩書房、一九九九年、六六頁）
（13）小井川潤次郎「青森風土記」（小井川潤次郎著作集第七巻『南部の民俗』木村書店、一九九四年、二二頁）
（14）十和田市教育委員会『文化財おしらさま総集編』（十和田市文化財保護協会と共同刊行、一九九一年、一〇二～一〇四、一二二～一二三頁）
（15）渋谷道夫「道南の民間信仰―巫業を中心とする信仰について―」（『北海道の研究7』民俗、民族編、清文堂、一九八五年、一二三～一二四頁）。
（16）北海道最古の歴史書。松前藩初代藩主慶広の六男、松前景広が正保三年（一六四六）に編集した。内容は松前氏の事績を主に記述し、中世北海道のアイヌ民族や和人の動向にも詳しい。新羅の名称は松前氏の氏神である新羅大明神に由来する。

(17) 豊島秀範「青森県から道南への婚姻・漁業などによる人の移動—茅部郡、山越郡を中心に—」(『青森県の民俗』第五号、青森県民俗の会、二〇〇五年、九〇頁)。

(18) (17)に同じ、九二～九八頁。

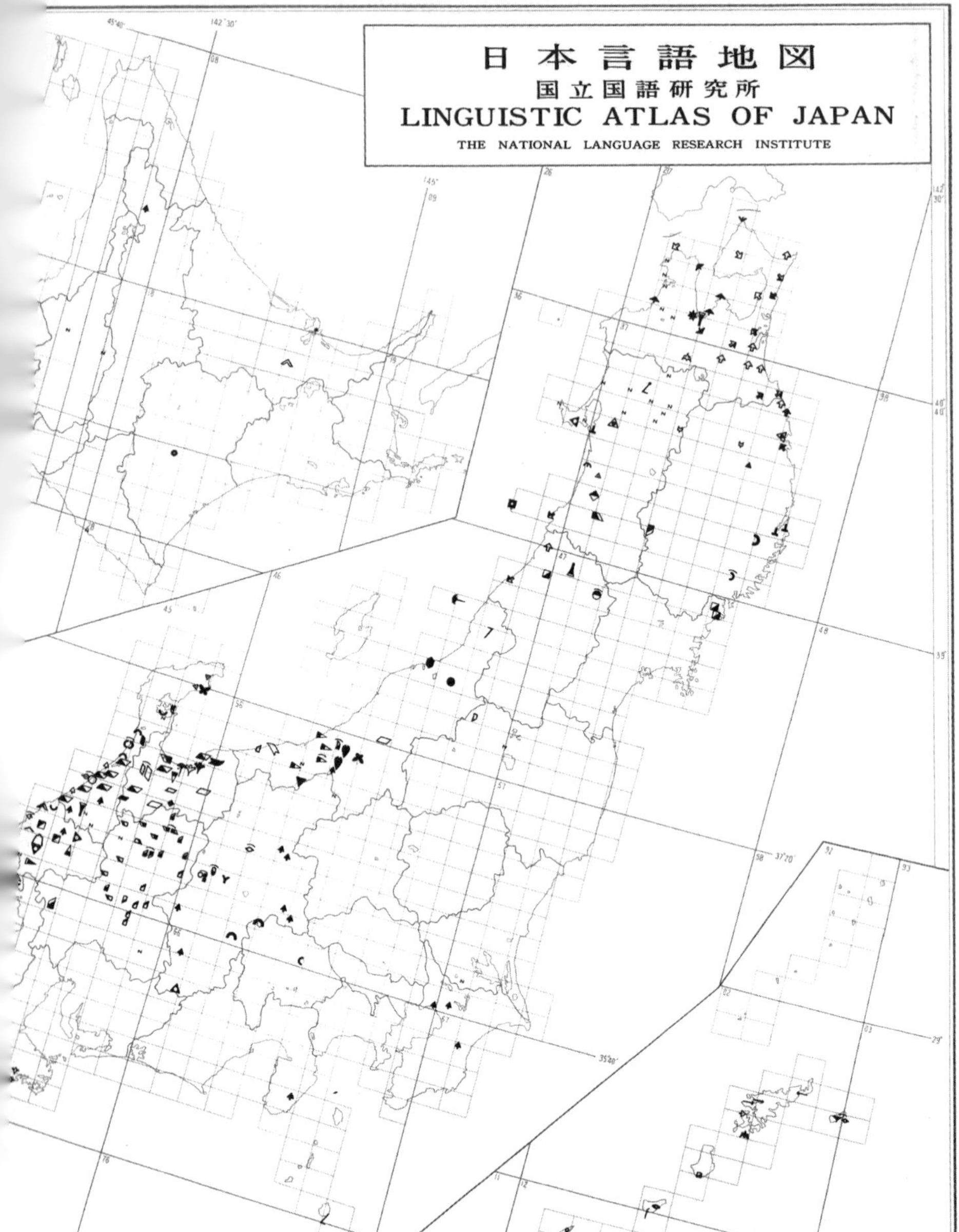
日本言語地図
国立国語研究所
LINGUISTIC ATLAS OF JAPAN
THE NATIONAL LANGUAGE RESEARCH INSTITUTE
150 かたぐるま(肩車)
—その2

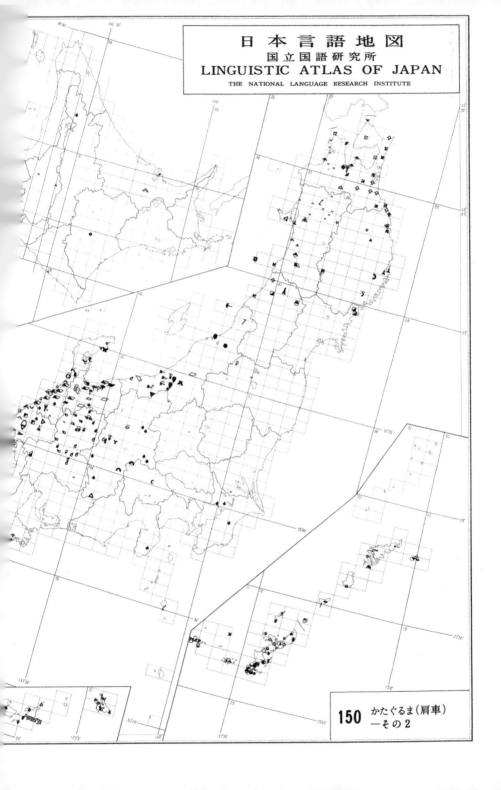

※名称の凡例拡大図は次頁（一八二頁）にあります。

150 かたぐるま（肩車）—特殊な名称

ride on a person's shoulders — special and isolated forms

ABU(KO)
ABUKU
ABUNDO
ABUNE
ABUNORI
ABURAKO
TABURAKO
ABUTAKA
AOZYANZYAN
CIRORO
DONDEN
DONDON-DORORI
DONGARA-GACCIN
DONKAN-CIN
DONKUN-SAN
GICCYON-CYON
HEEROI-HAAROI
HYUU-DONDON
HYUU-GANGAN
KURUKURU
KURUKURU-NMA
KENKEN
KYONKYON
PIIHYORO
TONBERO-BERO
TONBII
TONBII-ROOROO
TOKKAIGOO
TOKKAN-GAN
UKKYAN-KYAN
ZIKKAN-KAN
ZUKKYAN-KYAN
ZUNDEN-DOO
ZUSUKAN-KAN
ZYANKON-KON
ZYONZYON-GATTAN
ASIAGE
ATAMANKO
CIRIBONBO
DAIKOKU-BONBO
DEKU-BONBO
OSSAN-BONBO
CIGOBUE
KANKON-BARI
CUBEKOMA
DAEKWAN
DAEZABOOZA
DAIKOKUMA
DANGIKU
DANGYOKU
DOODOO
HANMADOO-DOO
HINDOO-DOO
DOOKAE
DADAHAI
DONMA
DONDO-KUMA
DOOROKKYAA
HACUUMA
HANNYO
SANNYO
HATTOAME
HITOGURUMA
DAI-GURUMA
MATA-GURUMA
YAGURUMA
GIN-GURAMA
HOSIKONORI
KANBARA
KANERU
KARAU
KATAGURU
NOSERU
KANKANNORI
KAZINOOSYA
KAZUNKO
KINMAKKO
KUINMA
KUMANBACI
MANMANZAI
MANZAI-GOKU
MANZYU-KAKKA
KARI-MANZYA
KARAKO-MANZAI
KINMAZYA
SENDAI-MANDAI
SYANDAN-CUGI
HENDA-ROKU
MASIKO
MATAGURA-NORI
MOOMONDAKA
NANMAN-DABUCU
KANNAN-DABUCU
NAMAIDA
NAMAN-KINTAN
CUNMAIDA
DAIBUCU
ODAI-BUCCYA
GONGEN-SAMA
KOOBOO-DAISI
OKOYASU-SAN
SENNON-KANNON
TANAGANO-ZUZUSAMA
NAPPOERA
NOTTANOTTA
SIKKATO-SEE
SINCYOO-SEE
TOKOSEI
OBUBINKO
OMANKO
SAKAKUMA
SANNINMISO
SANZIGE
SEKKEKATA
SARUKO
SARU-MA(KKO)
SARU-MAI
SARUMATA
SARUMAKA
SARU-MANDA
SARUNO-MENDORI
SARU-MAWASI
SARUKUMA
SARUKO-NORI
SARUKAKE
SARU-KAKKAI
SARU-KIKKI
SARU-KENKE
SAA-KOKKEE
SAARI-KYUUKYUU
SARU(KO)-BONBO
SARUNO-KOBEE
SARUOBI
SARUMAGO
SARU-DAKKO
SARUKO-BARE
SARUKOBAPPA
SARUYA-MANZYU
SIBISIBI
SIOSIO
SYOOSYO
SIOE
SISIUMA
SISIKO-NORI
OSISINO-DAIGOKU
OSISIN-KAPPO
SUSUKATA
SUSUGO
TAKAUMA
TAKAKUMA
TAKA-GURUMA
TAKA-KKUBI
TAKATAKA-BONBO
DANDAKA-BONBO
TAKATAKA
TAKATAN
TAKASAGO
TAKAGO
TAKA-ZINZYOO
TAKECUGI
TOBIKUMA
TONPOPO
TOONIN
YAGURA
YOISYO
YOIYA-KATA
YOEYOE-CINCIN
YOTAMAKA
ZINZYOKO
ZINZYOKO-DACI
ZINZYOKO-MOCI
ZINZYOKO-NARI
ZINZYOKO-TONBI
ZINZYO-KAKA
ZINZYO MAKO
SAMA-ZINZYO
KOYASUMI-ZINZO
ZYONKO
SYONKO
KENZYO
NINNYOKO
NINGYO-GAME
OSAKA-NINGYOKO
ZUGURI-UMAKO
AAKANGWAA-CYUU
AANITO-NOTTO
AAZIN-BUNBUN
ACCIRU-MAASI
CYUN-DARAA
GAANASSA
GANGAA YOSSA
GANKARA-YOISA
GANKOI
GARA-GATAME
GARATTOO
GUNANGI
HAASYUN-GWA
HAAYOI-POPPOO
HARA-MANKOI
HUIMA
KANGUBOO
KAARA-MOOMOO
KANDAMA-YOSSA
KATAMII
KINKIN
KOON
KUNGYA
MAAGAATAA
MAASU-DAKEE
MAASU-KONSORI
MAASUU-ROOROO
MAASYU-DAKAA
MAASYUN KEERI
MAASYU-RAAKII
MAATAA-GAATAA
MAATAKA-DAAKAA
MAATAKU-RAAKAA
MAIKEERU
MAMAKAI
MANKAKII
MOOMAN-KWAA
NUUMAGAMA
PITUNMA
SAASAGUNGI
SAAZIMEE GWAA
SUNAI
SYONDARAA
TAAMUI-GWAA
TABICYAA
TAKAA-MAAMI
TANKAA-SUUREE
TINCYOO-BAAYAA
TOOKURUU
TOONU-KAAGU
TOONU-MANZYAI
TUNBUCIKAA
TUNNUKURA-NMA
UUKUI
ZIRYAA
ZIRYA-KATAME

N 無回答 no response

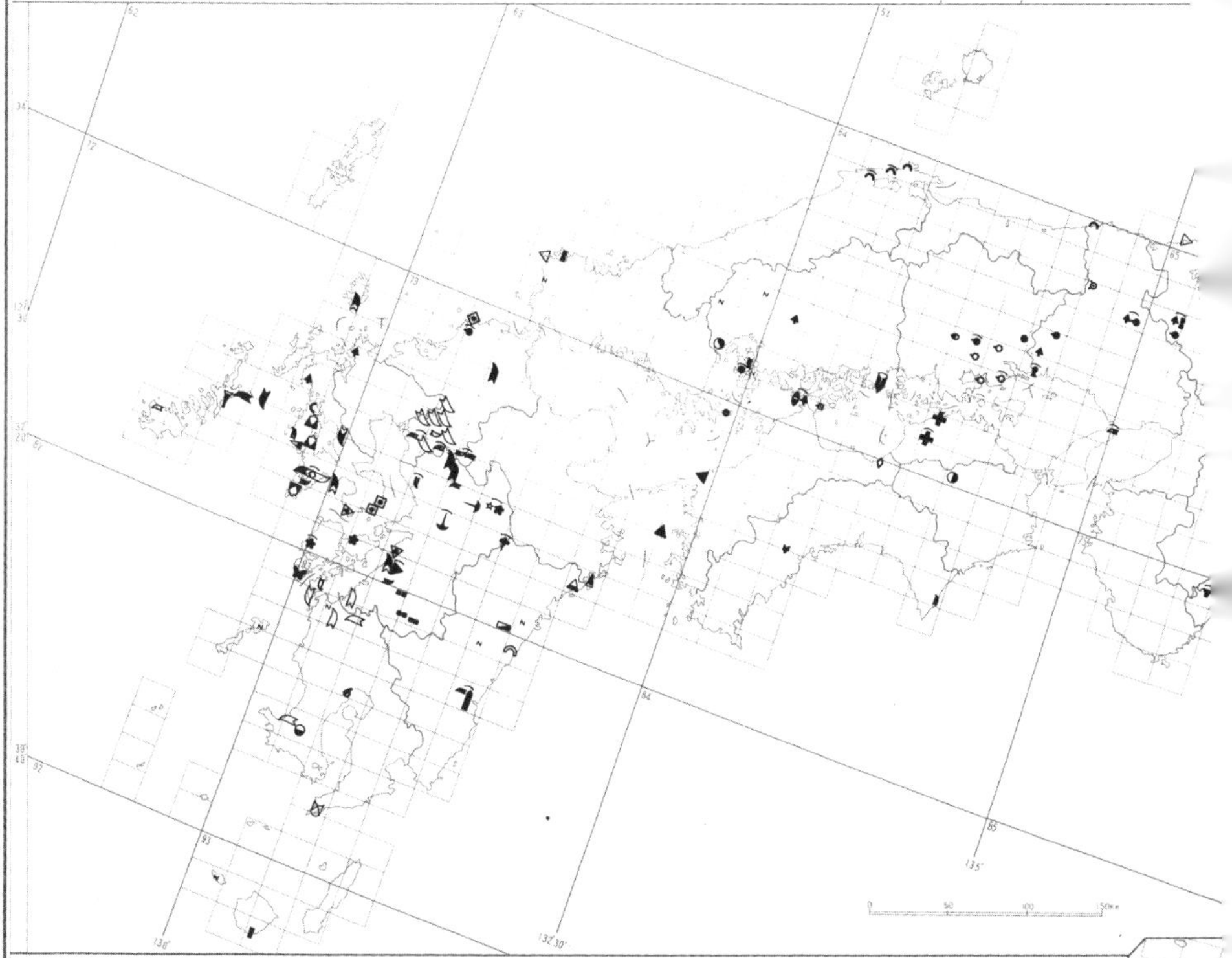

質問文：149図参照。

特殊な名称

special and isolated forms

- ショーショ
- シオエ
- シシウマ
- シシコノリ
- オシシノダイゴク
- オシシンカッポ
- ススカタ
- ススゴ
- タカウマ
- タカクマ
- タカグルマ
- タカックビ
- タカタカボンボ
- ダンダカボンボ
- タカタカ
- タカタン
- タカサゴ
- タカゴ
- タカジンジョウ
- タケツギ
- トビクマ
- トンポポ
- トーニン
- ヤグラ
- ヨイショ
- ヨイヤカタ
- ヨエヨエチンチン
- ヨタマカ

- ジンジョコ
- ジンショコダチ
- ジンジョコモチ
- ジンショココナリ
- ジンジョコトンビ
- ジンジョカカ
- ジンジョマコ
- サマジンジョ
- コヤスミジンゾ
- ジョンコ
- ションコ
- ケンジョ
- ニンニョコ
- ニンギョガメ
- オサカニンギョコ
- ズグリウマコ

- アーカングァチュー
- アーニトノット
- アージンブンブン
- アッチルマーシ
- チュンダラー
- ガーナッサ
- ガンガーヨッサ
- ガンカラヨイサ
- ガンコイ
- ガラガタメ
- ガラットー

- グナンギ
- ハーシュングァ
- ハーヨイポッポー
- ハラマンコイ
- フイマ
- カングボー
- カーラモーモー
- カンダマヨッサ
- カタミー
- キンキン
- コーン
- クンギャ
- マーガーター
- マースダケー
- マースコンソリ
- マースーローロー
- マーシュダカー
- マーシュンケーリ
- マーシュンラーキー
- マーターガーター
- マータカダーカー
- マータクラーカー
- マイケール
- ママカイ
- マンカキー
- モーマンクァー
- ヌーマガマ
- ピツンマ

- サーサグンギ
- サージメーグァー
- スナイ
- ションダラー
- タームイグァー
- タビチャー
- タカーマーミ
- タンカースーレー
- ティンチョーバーヤー
- トークルー
- トーヌカーグ
- トーヌマンジャイ
- トゥンブチカー
- トゥンヌクランマ
- ウークイ
- ジリャー
- ジリャカタメ

N　無回答　no response

（『日本言語地図』No.150の凡例を拡大し、本文同様カタカナ表記にした）

150 かたぐるま（肩車

ride on a person's should

- アブ（コ）
- アブク
- アブンド
- アブネ
- アブノリ
- アブラコ
- タブラコ
- アブタカ
- アオヂャンヂャン
- チロロ
- ドンデン
- ドンドンドロリ
- ドンガラガッチン
- ドンカンチン
- ドンクンサン
- ギッチョンチョン
- ヘーロイハーロイ
- ヒュードンドン
- ヒューガンガン
- クルクル
- クルクルンマ
- ケンケン
- キョンキョン
- ピイヒョロ
- トンベロベロ
- トンビイ
- トンビイローロー
- トッカイゴー

- トッカンガン
- ウッキャンキャン
- ジッカンカン
- ズッキャンキャン
- ズンデンドー
- ズスカンカン
- ジャンコンコン
- ジョンジョン-ガッタン
- アシアゲ
- アタマンコ
- チリボンボ
- ダイコクボンボ
- デクボンボ
- オッサンボンボ
- チゴブエ
- カンコンバリ
- ツベコマ
- ダエクァン
- ダエザボーザ
- ダイコクマ
- ダンギク
- ダンギョク
- ドードー
- ハンマドードー
- ヒンドードー
- ドーカエ
- ダダハイ
- ドンマ

- ドンドクマ
- ドーロッキャー
- ハツウマ
- ハンニョ
- サンニョ
- ハットアメ
- ヒトグルマ
- ダイグルマ
- マタグルマ
- ヤグルマ
- ギングラマ
- ホシコノリ
- カンバラ
- カネル
- カラウ
- カタグル
- ノセル
- カンカンノリ
- カジノーシャ
- カズンコ
- キンマッコ
- クインマ
- クマンバチ
- マンマンザイ
- マンザイゴク
- マンジュウカッカ
- カリマンジャ
- カラコマンザイ

- キンマジャ
- センダイマンダイ
- シャンダンツギ
- ヘンダロク
- マシコ
- マタグラノリ
- モーモンダカ
- ナンマンダブツ
- カンナンダブツ
- ナマイダ
- ナマンキンタン
- ツンマイダ
- ダイブツ
- オダイブッチャ
- ゴンゲンサマ
- コーボーダイシ
- オコヤスサン
- センノンカンノン
- タナガノズズサマ
- ナッポエラ
- ノッタノッタ
- シッカトセー
- シンチョーセー
- トコセイ
- オブビンコ
- オマンコ
- サカクマ
- サンニンミソ

- サンジゲ
- セッケカタ
- サルコ
- サルマ(ッコ
- サルマイ
- サルマタ
- サルマカ
- サルマンダ
- サルノメンド
- サルマワシ
- サルクマ
- サルコノリ
- サルカケ
- サルカッカイ
- サルキッキ
- サルケンケ
- サーコッケー
- サーリキューキ
- サル(コ)ボン
- サルノコベー
- サルオビ
- サルマゴ
- サルダッコ
- サルコバレ
- サルコバッパ
- サルヤマンジュ
- シビシビ
- シオシオ

おわりに

何とか、方言と民俗の関係について、自分なりの考えをまとめることができました。この問題に取り組んだ当初は、自分の研究などは、ほとんどモノにならないだろうと思っていました。

スタート時はある意味、スムーズに行くかもしれない。しかし、いずれ袋小路に入り込み、行き詰まってしまう。ちょうど洞窟に入り、穴の奥に先があると思って進んだが行き止まりとなり、そこで終わり。別の方向に進んでも、結果は同じ。九割方ダメだろうと思っていました。

ただ、行き止まりとなっても、そこに至るまでにやったことは意味があるのではないか。小さくとも、何か新しい知見を得ることができるかもしれない。それで十分だ。そのように考えていました。

これまで研究を続ける過程で、印象に残ったこと、エポックとなったことを三つほど挙げておきます。

一つは、まだ研究がスタートして間もない頃、平成二十年十一月に八戸市立図書館を訪ねた際のことです。図書館二階の「郷土コーナー」で、書架に「虫おくり」についての新聞記事のスクラップがまとめて、収められているのを発見しました。おそらく、市立図書館の職員の方が、青森県東部や岩手県北部の、つまり旧南部藩地域の「虫おくり」の記事を丹念に集め、整理されたものと思われます。

これを拝見し、たいへん驚きました。この地域にこれほどたくさん「虫おくり」があったとは！

と。そうであれば、「虫おくり」そのものはもちろん、方言との関係も見えてくるかもしれない。少し希望のようなものが見えてきた観がありました。

これが研究の第一歩でした。

もう一つは、〈ジンジョコ〉が仮に〝人形〟だとしても、それが個別・具体的なものなのか。抽象・一般的なものなのか。ごく、常識的にいえば、抽象・一般的と考えるのが、普通のことだと思います。「それって、（一般的な）人形のことでしょう」の一言で、済んでしまいそうです。

この常識に風穴を空けてくれたのが〈サルマニンギョ〉でした。

本書で述べたとおり、〈～ニンギョ〉とは「操り人形」であることが分かりました。すなわち個別・具体的な人形だったのです。

しかし、万が一ということもありうる。やはり、新潟の現地に、直接確かめてみる必要があると考えました。新潟は、過去二回、訪ねていたのですが、図書館での文献資料の収集が主でこのことは思いつきませんでした。

早速、方言〈サルマニンギョ〉の採取地に近い、新潟市巻（まき）郷土資料館に連絡を取りました。そして、資料館職員である佐藤三千代さんを知り、彼女の機転とご配慮により、地元の方言研究家の柄澤衛先生と連絡を取ることができました。その後、柄沢先生からは色々ご教示いただきました。そして、〈サルマニンギョ〉については、筆者の考え方に大方、同意をいただき、ほんとうに意を強くした次第です。

三つ目は、分布図（地図）作成に関わることです。本書のポイントの一つは、〈ジンジョコ〉（ニンニョコも含む）の分布図と、「人形おくり」（疫病おくり、虫おくり）の分布図が重なるか、ということです。

今までは、青森、岩手両県にまたがる、「人形おくり」（疫病おくり、虫おくり）の詳細な分布図は存在しませんでした。結局、それは自分で作るしかありません。両県の「人形おくり」（疫病おくり、虫おくり）の実施箇所を文献・資料などで一つ一つ調べていきました。その数、六二〇カ所余り。そして、さらにその中から、〝人形〟に関わる箇所だけをピックアップし、分布図（地図）に表現してみたのが図29（一三六頁）です。振り返ると、地図作成を思い立ってから、すでに一〇年近くの歳月が経っていました。

果たして、〈ジンジョコ〉〈ニンニョコ〉の分布図と、「人形おくり」（疫病おくり、虫おくり）の分布図を重ねると、前者が後者の分布範囲内にきれいに収まりました。このことは、両者の間の、何らかの関係性を窺わせます。分布図を使用せずとも、両者の関係は説明できるのかもしれませんが、分布図（地図）を使っての説明は、強い説得力を持ちます。筆者は元々、地理の教員であり、その有効性をしっかりと確認できたことは大きな収穫でした。

今回、本書をまとめるに当たって何度か暗礁に乗り上げ、挫けそうになったこともありました。そんな時、著名な民俗学者、福田アジオ氏の言葉を噛み締め、励みとしてきました。

その言葉を引いて、最後といたします。

「一つ一つの事例は断片に過ぎないが、それが集積されるとそこに全体像が浮かび上がってくる。点が線となり、線が面となるということを自らの経験として知った。それは一挙に達成できることではない。（略）すぐに結論を出そう。成果をあげようとすると、逆に焦りと失望が強くなり、研究を諦めることになる。小さなことのように見える問題も、継続して取り組むことで、いつかは大きな問題に発展する。」

（「あとがき」より）

（福田アジオ『歴史探索の手法―岩船地蔵を追って』筑摩書房、二〇〇六年）

令和二年一月

吉田　満

謝辞

この度、本書をまとめるにあたって多くの方々にお世話になりました。

個人としては、青森県の村中健大氏（青森県民俗の会）、岩手県の愛木稔氏（一戸町高屋敷町内会長）、阿部和夫氏（岩手地域科学研究所）工藤紘一氏（岩手民俗の会）、深沢力氏（日本哲学会）、吉田矩彦氏（いわて教育文化研究所）、鈴木幸彦氏（大槻玄沢顕彰会会長）、秋田県の鐙啓記氏（ＮＰＯ法人あきた地域資源ネットワーク）、新潟県の柄澤衞氏（新潟県ことばの会）、佐藤三千代氏（新潟市巻郷土資料館）、室川信幸氏（糸魚川天津神社舞楽会）に感謝申し上げます。

図書館としては、青森県立図書館、青森市民図書館、八戸市立図書館、岩手県立図書館、盛岡市立図書館、山形県立図書館、新潟県立図書館、富山県立図書館、富山市立図書館、石川県立図書館、岩手県立大学メディアセンター、盛岡大学図書館、図書館以外の諸団体・機関では、国立国語研究所、国土地理院、岩手民俗の会、岩手古文書研究会、もりおか歴史文化館、花巻市博物館、遠野市立博物館、新潟市巻郷土資料館、高岡御車山会館にお世話になりました。

本書執筆にあたり、不慣れな筆者を根気強く導いていただいた熊谷印刷社長の熊谷明氏、編集担当の小川奈奈子氏に感謝申し上げます。

最後に、挿絵の一部を担当した長女の吉田友子にも感謝します。

青森県三戸郡田子町で取材中の筆者

著者略歴

吉田満（よしだ・みつる）

1947年　青森県八戸市生まれ
1970年　東北学院大学文学部史学科（地理専攻）卒業
宮城県（５年間）と岩手県（33年間）で県立高校教員を勤める。勤務の傍ら生徒たちとともに地域の文化や社会について調査。『九戸方言地図』（岩手県立久慈高等学校）、『盛岡と水のかかわり』（岩手県立盛岡第二高等学校）などをまとめる
2008年　定年退職。

岩手民俗の会会員

ジンジョコの謎
—肩車方言考—

2020年４月10日　発行

定　価：本体1,637円（税別）

著　者　吉田　満
岩手県盛岡市西青山3-38-28　〒020-0132
電話　019(645)3123

印　刷　熊谷印刷出版部
岩手県盛岡市本町通3-5-8　〒020-0015
電話　019(653)4151

ISBN978-4-87720-325-2 C1081　Printed in Japan